TRAUMHAFTE HÄUSER IN DEN ALPEN

ANDREAS K. VETTER

TRAUMHAFTE HÄUSER IN DEN ALPEN

ANDREAS K. VETTER

CALLWEY

INHALT

6 – 17	**EINLEITUNG —** **ALPINES WOHNEN**	
18 – 19	**WEITERBAUEN IM BEWÄHRTEN BESTAND**	
20 – 25	**HAUS OBD'R LECH** HEIN ARCHITEKTEN (BREGENZ, A) OBERLECH, ARLBERG (A) – 2018	
26 – 29	**HAUS STICKEREI** FIRM ARCHITEKTEN (LUSTENAU, A) REHETOBEL (CH) — 2018	
30 – 33	**BAUERNHAUS OPPLIGEN** DÄLLENBACH/EWALD ARCHITEKTEN (STEFFISBURG, CH) OPPLIGEN (CH) — 2017	
34 – 39	**HAUS DR. R. & DR. P.** ARCHITEKTEN LUGER & MAUL (WELS, A) HALLSTATT (A) — 2017	
40 – 45	**FELDERHOF** PAVOL MIKOLAJCAK ARCHITEKT (BOZEN, I) VILLANDERS (I) — 2017	
46 – 51	**HAUS 63** RUINELLI ASSOCIATI (SOGLIO, CH) SOGLIO (CH) — 2016	
52 – 55	**HOF BUCHA** GUGGENBICHLER + WAGENSTALLER (ROSENHEIM, D) ASCHAU (D) — 2016	
56 – 61	**BAUERNHAUS GROSSSCHLAGGUT** LP ARCHITEKTUR (ALTENMARKT, A) ANNABERG-LUNGÖTZ (A) — 2016	
62 – 63	*VIER FRAGEN AN DIE BAUHERRIN UND UNTERNEHMERIN THERESIA HARML*	
64 – 67	**MAISON REYNARD/ ROSSI-UDRY** SAVIOZ FABRIZZI ARCHITECTES (SION, CH) ORMÔNE, SAVIÈSE (CH) — 2016	
68 – 71	**S.V. HOUSE** ROCCO BORROMINI ARCHITETTO (SONDRIO, I) ALBOSAGGIA, SONDRIO (I) — 2016	
72 – 77	**DEUX GRANGES À FINHAUT** PERSONENI RAFFAELE (LAUSANNE, CH) FINHAUT, WALLIS (CH) — 2015	
78 – 83	**CASA VI** EV+A LAB ATELIER D'ARCHITETTURA (WOLKENSTEIN, I) PIATEDA, SONDRIO (I) — 2015	
84 – 89	**JASSA DA PARIS** JON ARMON RAUCH (SCUOL, CH) VI, SCUOL SURA (CH) — 2014	
90 – 91	*FÜNF FRAGEN AN DEN SCHWEIZER ARCHITEKTEN JON ARMON RAUCH*	
92 – 93	**WEITERFÜHREN DER ALPINEN BAUKULTUR**	
94 – 97	**HAUS MIT ORT** HAMMERSCHMID, PACHL, SEEBACHER - ARCHITEKTEN (SALZBURG, A) MICHAELERBERG-PRUGGERN (A) — 2017	
98 – 103	**DOPPELWOHNHAUS** ATELIER WORTMEYER (SALZBURG, A) TENNENGAU (A) — 2017	
104 – 109	**HAUS ZWISCHEN DEN BERGEN** GANGOLY & KRISTINER ARCHITEKTEN (GRAZ, A) AUSSEERLAND (A) — 2017	
110 – 115	**HAUS D.** DIETRICH	UNTERTRIFALLER ARCHITEKTEN (BREGENZ, A) DORNBIRN (A) — 2017	
116 – 119	**CASA DA NOI** ANDREAS FUHRIMANN GABRIELLE HÄCHLER ARCHITEKTEN (ZÜRICH, CH) NATERS, WALLIS (CH) — 2015	
120 – 125	**CRN HOUSE** ALP'ARCHITECTURE (LE CHÂBLE, CH) VOLLÈGES, WALLIS (CH) — 2015	
126 – 131	**WOHNHAUS IN SOGLIO** RUCH & PARTNER ARCHITEKTEN (ST. MORITZ, CH) SOGLIO (CH) — 2014	
132 – 135	**HAUS °F** HK HASENAUER & KOGLER ARCHITEKTUR (ST. JOHANN IN TIROL, A) APFELDORF, ST. JOHANN IN TIROL (A) — 2014	
136 – 139	**CABANE R.** KUNÍK DE MORSIER ARCHITECTES (LAUSANNE, CH) LE PONT, VAUD (CH) — 2014	
140 – 145	**VILLA R** RUDOLF PERATHONER ARCHITEKT (WOLKENSTEIN, I) WOLKENSTEIN (I) — 2013	
146 – 147	**WEITERDENKEN IN MODERNER FORM**	
148 – 151	**HAUS MIT GIEBEL** MIA2/ARCHITEKTUR (LINZ, A) ROSSLEITHEN (A) — 2017	
152 – 157	**TRIANGEL** RITTER SCHUMACHER (VADUZ, LI, CHUR, CH) NENDELN (LI) — 2017	
158 – 163	**LEIERHOF** MAXIMILIAN EISENKÖCK ARCHITEKTUR (WIEN, A) POSTALM, ABTENAU (A) — 2016	
164 – 165	*DREI FRAGEN AN DEN WIENER ARCHITEKTEN MAXIMILIAN EISENKÖCK*	
166 – 171	**HAUS IN TRIN-MULIN** SCHNELLER CAMINADA ARCHITEKTEN (TRIN, CH) TRIN (CH) — 2016	
172 – 177	**HAUS KRANAWENDTER** LP ARCHITEKTUR (ALTENMARKT, A) LEOGANG (A) — 2015	
178 – 179	*FÜNF FRAGEN AN DEN BAUHERRN UND OFENBAUFACHMANN FLORIAN KRANAWENDTER*	
180 – 185	**VILLA A** RUDOLF PERATHONER ARCHITEKT (WOLKENSTEIN, I) WOLKENSTEIN (I) — 2015	
186 – 189	**FERIENHAUS SCHWARZ** CAVEGN ARCHITEKTEN (SCHAAN, LI) DEGEN (CH) — 2013	
190 – 192	**ANHANG, IMPRESSUM**	

ALPINES WOHNEN

TRADITION, BAUKULTUR UND DAS 21. JAHRHUNDERT

DIE ALPEN — EIN PHÄNOMEN

Schauen wir aus der Perspektive des Flachlandbewohners, vielleicht auch mit dem Blick des Großstädters aus München, Wien, Mailand oder Paris und London, dann bleibt zuerst einmal eines zu sagen: Die Alpen sind schon ein Phänomen! Eine räumlich komplexere Landschaftsformation gibt es in Europa schlechthin nicht – und auch nicht eine dramatischere. Sie liegen inmitten der ausgedehnten Landstriche, Wälder und Stadtregionen unseres Kontinents wie ein riesenhafter Bogen aus rauen Felsgipfeln und Graten, Klüften und Tälern, mal üppig bewachsen von Almen und Kiefernwäldern, dazwischen Ortschaften, Dörfer, Weiler und Schober. Linien durchlaufen sie kurvig. Flüsse und Bäche, Eisenbahnschienen, eingefräste Tunnel, Straßen und Wege sowie unzählige, oft jahrtausendealte Pfade. Und über allem, ganz oben, bis auf 4810 Meter aufsteigend, die grauen Steinspitzen von Mont Blanc, Monte-Rosa-Massiv, Großglockner oder Zugspitze mit ihren Eis- und Schneehauben, zwischen ihnen weiße Geländefugen, Gletscher, Kuhlen mit türkisfarbenen Seen. Auch aus dem Weltraum ist es zu sehen, dieses fulminante Hochland aus aufgetürmtem Fels, mittig der gebogene Alpenhauptkamm, alles in allem 1200 Kilometer lang und bis zu 250 Kilometer breit. Hier liegen die zentral in ihm positionierten Länder Schweiz und Liechtenstein und die Randgebiete, die zu Deutschland, Österreich, Slowenien, Italien und Frankreich gehören. Die Alpen grenzen an einige der schönsten und fruchtbarsten Gegenden beziehungsweise inkorporieren sie. Dies beginnt mit der Côte d'Azur im Südwesten, direkt am Mittelmeer, schwingt sich Richtung Norden und Nordosten über die idyllischen Seenlandschaften von Genfer, Boden- und Chiemsee, umgibt sich an den nordöstlichen Ausläufern mit den Weingebieten Österreichs und kürt den Alpensaum schließlich mit den überirdisch schönen Regionen von Lombardei und Tessin mit Gardasee, Comer See und Lago Maggiore.

SEHNSUCHTSLANDSCHAFT

Dieses geografische Loblied auf die Alpen thematisch auszuweiten, fällt nicht schwer. Mit dem 19. Jahrhundert entwickelte sich gleichsam eine tiefe Leidenschaft für die großartigen Panoramen der Gebirgsmassive, die überwältigenden Aussichten, die man von glücklich erstiegenen Gipfeln genießen konnte, für die Dramatik der Felshänge, Wasserfälle und Schluchten, für malerisch in Almhänge eingebettete Dörfer, für das Alpenglüh'n, die spiegelnden Seen – man denke an den Vierwaldstätter oder den Wolfgangsee. Im Winter galt die allgemeine Begeisterung dem in der Sonne gleißenden, dick und weich liegenden Schnee, über den man zuerst mit Schlitten, dann mit Skiern abwärtsschoss. Für die bescheidenen Kirchtürme, die rustikalen Chalets, kleinen Wirtschaften und hilfsbereiten Bergbauern, die in traditioneller Heimatbezogenheit ihre Täler bewohnten und das Vieh hüteten, für geniale Handwerker und Tüftler, für einfache, aber köstliche Brot- oder Käsespeisen, für Obstler mit Stub'nmusi – und zuletzt für die gute Alpenluft.

links ——
Panoramaansicht des Tennengau im Salzburger Land (A), Abb. 1

oben ——
Blick vom Pilatus auf
den Vierwaldstätter See (CH),
Abb. 2

rechts ——
Seiser Alm in Südtirol (I),
Abb. 3

„Allein der Himmel hat dies Land noch mehr geliebet,
Wo nichts, was nöthig, fehlt und nur, was nutzet, blüht;
Der Berge wachsend Eis, der Felsen steile Wände
Sind selbst zum Nutzen da und tränken das Gelände.
Wenn Titans erster Strahl der Gipfel Schnee vergüldet
Und sein verklärter Blick die Nebel unterdrückt,
So wird, was die Natur am prächtigsten gebildet,
Mit immer neuer Lust von einem Berg erblickt; ..."

So heißt es im einflussreichen Gedicht *Die Alpen*, das der Berner Arzt und Dichter Albrecht von Haller 1729, also noch in der Barockzeit, verfasste und das schon bald die Aufmerksamkeit der gebildeten und vermögenden Kreise in den vor dem Hochgebirge liegenden Landen bis ins ferne England erregte. Es machte neugierig auf das, was in jener reinen, natürlichen und grandiosen Landschaft wohl an Reizen und Erlebnissen zu finden sei. Über zwei, bald drei Jahrhunderte hinweg entwickelte sich nun auf Basis dieser Urqualitäten der Alpenregion eine einzigartige Urlaubslandschaft: von den ersten, vereinzelten englischen Freizeitreisenden, dem frühen Fremdenverkehr, über die schrittweise unternommene Professionalisierung von Tourismuszentren – insbesondere ab den 1950er-Jahren – bis zu den global vermarkteten All-inclusive-Fun-Tours heutiger Tage. Nach 1800 begannen Wagemutige, die Schweizer Gipfel zu besteigen, und leiteten damit die Anfänge der Bergsteigerkultur ein. Schon im frühen 19. Jahrhundert entstanden Alphütten und Berggasthäuser, erste Pensionen, später dann hochwertigere Hotels und Heilanstalten sowie bessere Verkehrseinrichtungen, es folgten Lifte und Sportanlagen, private Feriendomizile. Unter Ausblendung der hier wie überall mit entsprechendem Fortschritt verbundenen negativen Auswirkungen auf Gesellschaft und Natur erlebten die Alpen vom Rhonetal bis in den Wienerwald eine noch um 1800 ungeahnte Evolution. Aus einer widerspenstigen und gefährlichen

Topografie wurde eine Landschaft voller Sehnsuchtsorte, von denen man im Alltag träumte und die sich immer leichter erreichen ließen, bei komfortabler Vollpension im Berghotel: das Gipfelkreuz mit unvergleichlichem Panorama, die Alphütte mit Traumabfahrt, die Klamm mit kühler Gischt bei einer Sommerwanderung oder die Jause auf einem Bootssteg mit Gipfelblick, schneebestäubt. Und nicht nur die Literatur, sondern insbesondere auch die Malerei trug bei zur Idealisierung der Alpen. Beispielhaft für die frühe Zeit ist, neben seinen Kollegen Caspar Wolf, Heinrich Bürkel oder später dann Franz Defregger, der erfolgreiche Münchner Maler Karl Millner (1825–1895), mit dessen stimmungsvollen Gemälden man sich damals die Berglandschaft und ihre natürliche wie kulturelle Atmosphäre in den Salon hängen konnte. (Abb. 4) Bald aber folgten schon die ersten Bildbände, später dann Prospekte mit Farbfotografien und schließlich der *Bergsteiger*- und der *Heimatfilm*, mit denen sich – im Verbund zahlloser kolorierter Postkartenmotive – die Alpenrezeption in Richtung Kitsch verschob.

UND DIE WIRKLICHKEIT?

So viel aus der Perspektive des Flachländers oder Städters, des Vergnügungsreisenden, Urlaubers oder Touristen. In deren Interesse liegt es natürlich, sich für ihren kurzen, zumindest aber temporären Kontakt das klischeehaft Ideale für ein intensives und positives Erleben zu suchen oder auch zu bauen. Dass es aber in jener naturgegeben reizvollen Topografie überhaupt möglich war, derartige

Qualitäten herauszuarbeiten und bis heute charakteristisch und wirkmächtig zu halten, das liegt an der Wirklichkeit dieses Siedlungsraumes – und hier sind nun die echten Bewohner, Eigentümer und Gestalter gemeint: die Walliser, Tessiner, Liechtensteiner, Vorarlberger oder Bündner. Die Alpen nämlich sind eine authentische Kulturlandschaft von enormer Vielfalt und Dichte – seltsam, dass man dies überhaupt so betont erwähnen muss. Hier, in den Zonen zwischen den lebensfeindlichen Gipfelkuppen, den Steilhängen und den Wildbachschluchten, wurden über viele Jahrhunderte hinweg Wälder und Almen für Holz- und Viehwirtschaft und auch die Jagd genutzt, gaben Bäche Energie für Säge- oder Getreidemühlen und Seen den Fischern ein Auskommen, entstanden Dörfer, Ortschaften und Städte in den weitmuldigen Talräumen und auf flacheren Hängen, verbunden durch enge, präzise gesetzte Straßen und Bahntrassen, clever konstruierte Brücken und Wehre sowie unzählige Tunnel, geplant und gebohrt mit wegweisenden Techniken. Überall stellte sich der Mensch auf die spezifischen Bedingungen des schwierigen Geländes, die lebensgefährlichen Steinschläge, Erd- und Felsabgänge oder Lawinen sowie die zum Teil dramatischen Einflüsse der Witterung ein. Er reagierte auf die typische Flora und Fauna und entwickelte für Fortbewegung und Transport sowie für Lagerung und Wohnen jeweils angemessene und funktionale Lösungen. Selbst wenn sich heute die konkreten Lebensverhältnisse zwischen Hochtal und Flachland längst in nahezu allen Aspekten gleichen, so gilt doch für diejenigen, die in den Bergen leben: Man ist dem Einfluss des Wetters intensiver ausgesetzt, hat größeren Aufwand hinsichtlich der Verkehrswege oder des Gütertransports zu bewerkstelligen, und auch die Hänge – so wunderbar die Aussicht von ihnen aus auch sein mag – schaffen mit Steillagen, Verschattung, Steinschlag oder Hangwasser keine geringen Probleme.

unten —
Karl Millner,
Partenkirchen im Sonnenschein,
Öl auf Leinwand, 1860,
Nationalmuseum Stockholm,
Abb. 4

rechts —
Traditionelles Bauernhaus
in Fresach, Kärnten (A),
Abb. 5

BAUKULTUR!

Warum aber gerade unser der Wohnarchitektur dieser Region gewidmeter Blick, wie ihn dieses Buch unternimmt, so erfolgversprechend ist, liegt nicht unmaßgeblich an jener Gemengelage aus herrlicher Natur und herausfordernden Lebensbedingungen. Dies gilt sicher auch für andere topografisch eigenwillige Landschaften wie bereits die umliegenden bergigen Voralpenzonen – also beispielsweise Oberbayern –, feuchte Ufer- und zerklüftete Küstenlandschaften oder das karge Nordeuropa. Allerorten entstehen Bauten aus den Möglichkeiten der Geomorphologie und des Bewuchses heraus sowie organisiert nach den für die Lebensbewältigung des siedelnden Menschen notwendigen Funktionen. Die Alpenbewohner nun, die hier im Zentrum der Betrachtung stehen, mussten seit jeher mit dem schrägen Gelände, reduzierten und schwierigen landwirtschaftlichen Nutzflächen, den wilden Gewässern und harten Wintern auskommen, gleichzeitig aber gab es leicht zugängliche Baumaterialien wie Stein und Holz sowie Wasserkraft im Überfluss. Kulturhistoriker würden in diesen spezifischen Lebensbedingungen zweifelsohne eine letztlich gewinnbringende Ambivalenz feststellen: Die starke, auf ihn eindringende Natur zwang den Menschen zu ebenso starken, leistungsfähigen und nachhaltig stabilen Werken. Im Zusammenwirken mit lokalen Gemeinschaften, Kulten und Traditionen generierte auf diese Weise jeder der vielen Kulturräume ein typisches und hochfunktionales Bauwesen mit eigenständigem Materialeinsatz, eigenen Konstruktionsmethoden und gestalterisch-dekorativen Elementen.

WIE GEBAUT WIRD …

Dort, wo es viel Stein und weniger Wald gab, entwickelte man Gebäude aus Feldstein, sauber vermauert und ewig haltbar. Dort, wo die Bäume hoch wuchsen und eher leicht zu schlagen waren, konnten große Stämme verbaut werden, und man errichtete Bauten in Blockbauweise, beziehungsweise Strickwerk. Hier waren auch die Innenräume größer als in Regionen, in denen der Baumbestand nicht so hoch wuchs, da man schlichtweg längere Balken oder Unterzüge verbauen und damit die überspannten Distanzen erweitern konnte. Neben diesen topografisch durch die Natur vorgegebenen Bedingungen, zu denen auch gehörte, dass der jeweils vorkommende Stein oder die örtlich vorhandenen Holzarten durch ihre Verwendung die Bauästhetik bestimmten, traten auch lokale Funktionsformen, die sich aus der üblichen Art der Landwirtschaft, der Klimazone, den Handwerkstypen sowie letztlich den vorherrschenden Sozialstrukturen ergaben. Selbstverständlich beeinflusste es die ortstypische Architektur, ob man Ställe und Heuschober benötigte und ob diese mit dem Wohnhaus verbunden wurden oder separat standen, ob eine Mühle oder eine Schmiede integriert wurde, wie groß die Familien inklusive Knechten und Mägden waren, die man üblicherweise im Bauernhaus unterbrachte, etc. Zudem formten sich traditionelle Bauweisen aus: Man nutzte Schindeln zur Verkleidung der Außenwände, ließ diese steinsichtig oder verputzte sie, man baute das Haus komplett aus Holz oder errichtete in Mischbauweise nur das Erdgeschoss in Steinmauerwerk und setzte ein Holzgeschoss darauf oder errichtete massive Gebäude mit dicken Mauern, in die dann Holzkonstruktionen gesetzt wurden – wie eindrücklich im Engadin.

Charakteristisch und in ihrer Wirkung sowohl malerisch als auch funktional sind die in Steingehäuse seitlich eingesetzten und in Bohlenkonstruktion gezimmerten Stuben. Dächer kragten weit oder weniger aus, als Sattel- oder Schopfwalmtyp (Abb. 5), wurden mit grob gespaltenen Breitschindeln samt sturmsichernder Auflast oder mit flachen Steinplatten belegt, Balkone, Lauben und Gaden kamen zum Einsatz, Bauschmuck dekorierte und individualisierte die oft über viele Generationen von einer Familie bewohnten Häuser und Höfe in Gestalt geschnitzter Holzzier, bunter Läden und Lüftlmalerei oder eleganter Sgraffiti auf hellem Putz. Im Inneren versammelte sich unter diesen vergleichsweise groß proportionierten, heimeligen Dachflächen eine vergleichbare Vielfalt an Raumformen und damit verbundenen Atmosphären: das steinsichtige Lagergewölbe, Eingangsflure mit sauber verputzten Kreuzgratdecken, rundherum vertäfelte Stuben mit einfach geweißelten oder repräsentativ farbigen Kachelöfen, stimmungsvolle Küchen, rußige Rauchfänge, originelle Treppenführungen, bescheiden schlichte Holzkammern, riesige Heuböden und niedrige Stallgeschosse.

oben —
Alp'Architecture,
Mazot, Sarreyer (CH), 2014,
Abb. 6-8

unten —
RBCH architectes,
Transformation d'une Maison
Classée, Lessoc (CH), 2016,
Abb. 9-11

DER *ALPENSTIL*

Es ist kein Wunder, dass die Architektur der französischen, schweizerischen, liechtensteinischen, deutschen, österreichischen oder italienischen Alpen so viel Sympathie erfährt. Zum einen liegt dies an der nicht nur übergroßen Vielfalt und gleichzeitigen Schönheit jener eben beschriebenen historischen Bautradition. Zum anderen – das erspüren vor allem diejenigen, die sich professionell mit diesen Konzepten beschäftigen wie Architekten, Denkmalpfleger und Bauhistoriker – findet sich in ihnen eine exemplarische Perfektionierung des Bauens, die sich unter dem Einfluss der strengen Herausforderungen der Berglandschaft über Generationen entwickeln konnte, ja musste. Und diese Perfektionierung im ökonomischen und konstruktiv klugen Einsatz von Baumaterial sowie der Notwendigkeit zur Optimierung der Funktionalität von Bautypen und Raumnutzung erschuf nicht nur eine vorbildhafte, hohe Qualität, sondern steht auch im besten Sinne für das heute mit Berechtigung so protegierte Prinzip der Nachhaltigkeit. Besser als es Vittorio Magnago Lampugnani, der Schweizer Architekt und Hochschullehrer, in seiner lesenswerten Essaysammlung *Die Modernität des Dauerhaften* in Worte fasste, lässt es sich nicht formulieren: „Und es ist dieser Bestand, der den Entwurf jenseits seines materiellen Werts in eine kulturelle Instanz verwandelt und ihn zu einem Bollwerk gegen den ständigen Wechsel, die sich ausbreitende Entleerung der Sprachformen und die zunehmende Verunsicherung der Werte macht."

Aufgrund der unterschiedlichen topografischen, klimatischen und soziokulturellen Bedingungen innerhalb des Alpenraumes ist es nachvollziehbar, dass sich im Laufe der Besiedlung und während der folgenden Jahrhunderte regionaltypische Siedlungsformen ausbildeten. Deren Extrempunkte sind einerseits die konzentrierte Ortsform des Engadins oder Vinschgaus mit ihren schweren, wuchtig-beeindruckenden Steinhäusern und andererseits die Streusiedlung der bajuwarischen Einzelgehöfte im Voralpenland. Dabei gibt es an Hof- und Haustypen den Paarhof aus Wohnhaus und Stallscheune, den Streuhof aus weiter auseinanderliegenden Funktionsbauten sowie den Einfirsthof, bei dem sich Wohn- und Wirtschaftsteil unter einem Dach hintereinander anordnen – vor allem in Südbayern und Nordosttirol.

Noch weiter entfernt von einer urbanen oder suburbanen Ortsgestalt sind natürlich die einzeln auf den Wiesenhängen stehenden, in leichter Holzkonstruktion erstellten vormaligen Schober, Feldkästen und Maiensässe, die inzwischen nicht selten zu für den Kurzaufenthalt ausgestatteten Kleinhäusern umbaut werden. (Abb. 6) Diese sind vor allem in Vorarlberg, Tirol und Graubünden, aber auch im Wallis zu finden.

„[Der Bewohner] schätzt Häuser und Räume, die gut gestimmt sind, eingestimmt auf ihren Ort, abgestimmt auf ihren Gebrauch. Er schätzt Orte und Häuser, die ihn aufheben, die ihn wohnen lassen und ihn dabei unauffällig unterstützen, die ihn gut aussehen lassen und ihn mit unerwarteten Angeboten unterstützen."

Peter Zumthor,
1990er-Jahre

Warum verliebt man sich so schnell in diese alten Bauten? Es ist weniger die Realität ihrer spezifischen Geschichte, denn eigentlich war das Leben in diesen Berghäusern und Höfen rau und unkomfortabel, nicht selten von Entbehrung, Aberglauben und seelischer Not geprägt. Vielmehr fasziniert uns, die wir so gerne in die Romantik abtauchen, der dort so überzeugend auf den Punkt gebrachte Beweis dafür, wie wenig man eigentlich für das Schöne und Bergende benötigt: ein einfaches Haus in ruhiger, naturnaher Lage, ein bisschen Abstand zu urbaner Technik und den Nachbarn. Es scheint, als könne man sich sofort einlassen auf das traditionelle, in allem reduzierte Bergleben mit simpelster Ausstattung und der entspannenden Stille, ein heilsamer Perspektivwechsel, gegründet allein auf archaischer Architektur und den Reizen der großartigen Natur um einen herum. Vor allem ist es die stimmungsreiche Ästhetik der altehrwürdigen Bergarchitektur: die patinagebende Verwitterung der Holzflächen, die wie zufällig platzierten Felsbrocken, mit denen die Dachdeckung gesichert wird, die überall vorhandenen kleinen Unregelmäßigkeiten bei Holzbauteilen oder Mauern, die keinesfalls allein Resultate von Alterung und grober Nutzung, sondern vielmehr noch Folgen des einfachen Handwerks sind, die so selbstverständlich funktionalen Detaillösungen wie winzige Fenster, schräg angehängte Stiegen, kleine Zugangspodeste, improvisierte hölzerne Anbauten und so weiter. Erwähnt werden müssen auch synästhetische Erlebnisse wie der Duft sonnenwarmen Holzes auf dem Balkon, der Geruch des Ofenfeuers, das Knarren der Dielen und Bohlen oder die weichschrundige Oberfläche alter Holzbalken. In philosophischer, aber auch in ökologischer Hinsicht überzeugt dabei sicher auch das Prinzip des symbiotischen Miteinanders, zumindest in der vorindustriellen und vortouristischen Epoche. Die Naturwelt auf der einen Seite und das Kulturwesen Mensch auf der anderen scheinen hier eine besonders harmonische Art des Zusammenlebens gefunden zu haben. Um in der überstarken und willkürlichen Natur überleben zu können, muss der Mensch ihre Ressourcen ökonomisch und verantwortungsbewusst nutzen. Daraus entsteht Schritt um Schritt auch jene authentische Baukultur, material- und nutzungsoptimiert.

links ——
Ritter Schumacher Architekten,
Maiensäss Tschividains,
Lenz (CH), 2015, Abb. 12

rechts ——
Ruch & Partner Architekten,
Chesa Andrea,
Madulain (CH), 1999,
Abb. 13

Ruch & Partner Architekten, Einfamilienhaus, Sent, Unterengadin (CH), 2006, Abb. 14

oben ——
Cavegn Architekten,
Haus Cavegn, Vella (CH), 2007,
Abb. 15

unten ——
Clemens Holzmeister,
Berghaus am Hahnenkamm (A), 1930,
Abb. 16

„Naturbedürfnis und Natur-
gefühl will der moderne
Mensch in seinem Wohnen
ausgedrückt wissen.
Die Natur, nicht als Attrappe
um das Haus herum, son-
dern das Haus selbst als Sonne
atmender Organismus (!),
mit seinen Organen den Tages-
zeiten zugewandt, gelockert
in den Gliederungen des Grund-
risses, mit großen Ausblicken
in die Landschaft, ein gleichsam
zum Wesen erhobener Schnitt-
punkt all des Schönen außen."

Lois Welzenbacher,
1930er-Jahre

POTENZIAL FÜR BAUHERREN
UND ARCHITEKTEN

Heutzutage, im 21. Jahrhundert, sind wir allerdings hinsichtlich unserer Ansprüche und Lebensumstände bereits weit entfernt von jener homogenen Konstellation des ländlichen Alpendaseins in abgelegenen Tälern und kleinen Dörfern mit den so wunderbar einfachen Stein- oder Holzhäusern. Die ausführliche Darstellung in den vorangegangenen Absätzen des Textes soll auch keineswegs in eine längst nicht mehr zeitgemäße Romantik zurückführen. Vielmehr geht es darum, hervorzuheben, mit welcher Materie und mit welchem Potenzial es Bauherren und Architekten heute zu tun haben, wenn es darum geht, nicht nur im Alpenraum zu bauen, sondern sich dabei vernünftig und angemessen in dessen baukulturellen Kontext einzufügen. Außerdem existieren gerade jene überkommenen Berg- und Bauernhäuser glücklicherweise noch in großer Zahl und erstaunlich gutem Erhaltungszustand, sodass es mindestens eine Alternative, wenn nicht eine grundsätzliche Herausforderung darstellt, sie für eine Neuverwendung umzubauen. In solchen Fällen – und dafür gibt es unter den im Buch gezeigten Projekten bestens passende Beispiele – wird offensichtlich: In praktischer Hinsicht ist die Differenz zwischen der historischen und der aktuellen Wohnarchitektur enorm. Wer einmal einen solchen Altbestand genauer erleben konnte, der weiß: Es zieht durch Türen und Fenster, man hört jeden Schritt, alles knarrt, nur in der Stube und in der Küche kann geheizt werden, kalte und feuchte Kellerräume neigen zu Schimmel, nichts ist gedämmt, überall wandert Ungeziefer ein, das Feuern, Handwerken, Einmachen und die Landarbeit erzeugen einen enormen Schmutzeintrag ins Haus, dazu kommt die Blitz- und Feuergefahr.

Wenn es also darum geht, das erhaltenswerte Alte in eine adäquate Funktionalität zu überführen, bedarf es einigen Aufwands, um Dämmung, Heizung, Trittschall, moderne Bäder, Belichtung und vieles Weitere in den Griff zu bekommen. Diese Adaption jedoch geht zumeist mit einer konstruktiv eingreifenden Sanierung einher, bei der einzelne Balken, Gewände, Türen, aber auch komplette Wände oder Decken ersetzt werden müssen. Manches Mal sind sogar noch radikalere Eingriffe unvermeidbar: Geschosshöhen werden verändert oder abgesunkene Keller neu errichtet. Alle jene technischen und konstruktiven Maßnahmen, aber auch ergänzte oder neu eingesetzte Elemente erfordern nicht nur spezifische bauhistorische Kenntnisse und engagierte Detailplanungen seitens der Architekten und Gewerke, sondern bedingen auch die Grundsatzentscheidung: Soll man den Bestand im Sinne einer Rekonstruktion sanieren, eventuell so, dass diese auch dauerhaft sichtbar bleibt – also beispielsweise durch Einsatz anderer Hölzer oder Oberflächenbehandlungen, die eine Patinierung verhindern? Oder ist es angebracht, neue Formen und Materialien einzusetzen – im Sinne einer kreativen Konfrontation? Beide Wege erlauben es, mit einigem Aufwand an Erfahrung und Inspiration, heutige Ansprüche wie beispielsweise die Vorteile einer modernen Küche (Abb. 8) oder die Dynamik einer *coolen* Treppe (Abb. 10) gestalterisch mit dem Bestand zu harmonisieren. Mit oder in der Bautradition können dabei faszinierende Details (Abb. 12) und Räume entstehen. (Abb. 13).

CHANCE ZUR WEITERENTWICKLUNG

Der zahlenmäßig bedeutendere Anteil der Architektur für das private Wohnen betrifft jedoch nicht die Ertüchtigung des Altbestands, sondern den Neubau. Und hier ist man im Alpenraum aufgrund jener starken Landschaft und den vitalen Bautraditionen vielleicht etwas intensiver mit den historischen Aspekten der Baukultur konfrontiert als in anderen Gegenden. Eigentlich ein Glücksfall, handelt es sich doch sowohl um über Generationen sorgfältig auf das Klima und die verfügbaren Baumaterialien eingestellte wie auch um außerordentlich attraktive Architektur. Da heutzutage sinnvollerweise und auch aus ökonomischen Gründen modern gebaut wird, also mit neuesten, zum Teil industriell hergestellten oder vorgefertigten, bestens gedämmten und geprüften Produkten sowie aktueller Haustechnik nimmt dies natürlich Einfluss auf Oberflächen und Gesamtästhetik. Zudem bedingen zeitgemäße Nutzungsmodi auch eine andere Grundrissanordnung sowie neue Funktionsanforderungen als 1950, 1850 und schon gar 1750. Dennoch ist es nicht erstaunlich, dass sich ein maßgeblicher Prozentsatz der Neubauten an den traditionellen Stilen des Bauern- oder Landhauses orientiert – bekanntermaßen wird dies auch meist durch lokale Bauvorgaben so gefordert. Beliebt bis in die flacheren Randzonen des nördlichen Alpenraumes ist beispielsweise der gemischte Typ aus Massiv- und Holzbau, kombiniert mit einem modernen Grundriss. Bevorzugung erfährt dabei der im Chiemgau oder auch im Tegernseer Land häufig anzutreffende einfache rechteckige Hauskasten, strahlend weiß verputzt, mit Balkon und farbigen Schlagläden. Das Obergeschoss wird in massiver Mauerung, alternativ mit verkleidender Stülpschalung oder aus Holzbohlen errichtet. Das auskragende Dach sitzt flach auf und erhält mitunter sogar eine historisch anmutende Holzzier. Wohlgemerkt: Die bloße Anwendung aufgesetzter Zierformen im Standard- oder Fertighausprogramm oder ein nachbauendes Historisieren kann diesbezüglich natürlich nicht überzeugen. Es bleibt letztlich inhaltsleer und ist folglich mit den Ansprüchen einer in jedem Detail begründbaren Formgestalt nicht in Übereinstimmung zu bringen.

„Ich habe keine Scheu, das zu wiederholen, was sich bewährt hat. Sich auf Bewährtes zu beziehen, erfordert, dass man sich gründlich mit den Dingen auseinandersetzt und Qualitäten erkennt. Im Überkommenen vermittelt sich Architektur gesamtheitlich – alle ‚Einflüsse' werden ergründbar, ob etwas ‚hält', ob etwas ‚schön' ist, es zeigt sich die Wertbeständigkeit, man lernt Grenzen kennen ..."

Franz Riepl,
2010er-Jahre

Allerdings spricht natürlich nichts gegen die Beibehaltung der traditionellen Bauweisen – sie sind ja lange bewährt und im besten Sinne bodenständig. Anspruchsvolle Konzepte jedoch werden von Architekten, wie auch früher schon, individuell entwickelt, wobei diese sich heutzutage um eine sorgfältige Weiterführung historischer Ideen und Lösungswege bemühen. Die Büros vertreten darüber hinaus eine umweltbewusste Bauethik mit regionalen Baustoffen, entscheiden sorgfältig über verwendete Hölzer und arbeiten mit erfahrenen Handwerksfirmen. Gemeinsam wird festgelegt, ob Fichte oder Lärche vorzuziehen ist, ob man bei der Holzverkleidung auf Nut- und Feder setzt, Falze verwendet oder überlukt, welcher Fenstertyp passt, welcher Kamin am besten zieht, wie sich Passivhausstandards erreichen lassen … Für die Bauherren sind diese Fragen bei ihrer alltäglichen Nutzung von wesentlicher Bedeutung. Vorrangig aber geht es diesen bei der Planung ihres neuen Domizils letztlich um das Ziel, einen eigenen Lebens- und Wohn-Ort zu schaffen, eventuell ein stimmungsvolles Feriendomizil, viele aber möchten auch explizit *eine Heimat bauen*.

Neben den vorgestellten Sanierungen und gestalterischen Fortschreibungen traditioneller Stile widmet sich diese Publikation bewusst noch einem dritten Weg: dem der Weiterentwicklung der historisch verorteten Wohnarchitektur unter den Prinzipien des *Modernen Bauens*. Schon die ersten Ansätze zu einer subtil formalen Versachlichung zeigen, wie reizvoll es sein kann, die Basis der wertvollen Bautradition des klimatisch optimal angepassten Holzhauses für eine neue Architektursprache zu nutzen. Exemplarisch zeigt dies Clemens Holzmeisters berühmtes *Berghaus am Hahnenkamm* von 1930. (Abb. 16) In der Folgezeit gewinnt die Baukultur in den Alpen eine neue Dynamik und schafft

es, das 20. und 21. Jahrhundert mit authentischer Funktionalität und Gestaltung in ästhetisch überzeugender und technisch innovativer Weise in die Landschaft einzufügen. (Abb. 14) Selbst der Baustoff der urbanen Moderne, der Beton, etabliert sich und ermöglicht spannende Neuinterpretationen. (Abb. 15) Die Verantwortung, die nicht wenige der Bauherren und Architekten gegenüber dem überkommenen und nachhaltig nutzbaren Altbestand verspüren, überzeugt darüber hinaus immer wieder dazu, Altes mit Neuem zu verbinden, sich formal inspirieren zu lassen. Gerade jene Projekte, in denen sich auch ein kreatives Spiel mit Material und Innenraum ergibt (Abb. 17), treten zunehmend in den Fokus der Aufmerksamkeit – eine gute Entwicklung. Wer sich jetzt den hier im Buch vorgestellten Beispielhäusern widmet und auch die Positionen der befragten Architekten und Bauherren liest, der wird 30 sehr eigenständige Konzepte kennenlernen: Sanierungen, Um- und Neubauten, bei denen jeweils spürbar wird, wie unverzichtbar das Sich-Einlassen auf die jeweilige Kulturlandschaft und ihre Architektur ist. Desgleichen besteht eine große Abhängigkeit des Bauens dort – soll es denn funktional wie ästhetisch überzeugen – von einer Haltung, die ebendiese regionale und lokale Qualität mit anregenden Bautraditionen sowie ortstypischen, bewährten Materialien verbindet. Formale Kreativität und kluge Details sind für anspruchsvolle Architekten ohnehin selbstverständlich.

oben ——
*firm Architekten,
Haus Wüstner, Bezau,
Bregenzerwald (A), 2018,
Abb. 17*

unten ——
*Traditioneller Einhof, Au,
Vorarlberg (A), 18./19. Jahrhundert,
Abb. 18*

Verständlich, dass sich die ersten Siedler aus dem Walserland an dieser Stelle Vorarlbergs niederließen. Der Blick reicht bis zum Schäferkopf (2405 m) und zur Grenze nach Tirol.

HAUS

OBERLECH, ARLBERG (A)
— 2018

OBD'R LECH

Täglich grüßen die vorbeifahrenden Gondeln, doch vom hauseigenen Jausenplatz vor diesem Bergdomizil möchte man sich eigentlich nicht mehr wegbewegen.

Direkt am Haus vorbei schweben die Gondeln von Lech zum höher gelegenen Ort Oberlech und dann weiter bis zur Bergstation auf dem Petersboden.

HEIN ARCHITEKTEN, BREGENZ (A)

Standort: Oberlech, Arlberg (A)
Baujahr: 2018
Bauweise: Holzstrickbau und Vollholzbauweise
Wohnfläche: 200 m²
Grundstücksgröße: 1000 m²
Anzahl der Bewohner: 8
Fotograf: David Schreyer

Wenn es passiert, dass Bauherr, Architekt und die beauftragten Gewerke sich mit Herz und Hand auf ein Vorhaben einlassen, dann kann nichts schiefgehen – selbst wenn schließlich viel Zeit, Arbeit und Kosten aufgewendet werden müssen. So geschah es auch bei dem in seiner Gründung nachgewiesenermaßen aus dem 15. Jahrhundert stammenden Bau vom Typ des Walserhauses, eine Architekturform mit Holzstrickwerkkonstruktion, die jene damals aus dem Wallis einwandernden alemannischen Bauern verwendeten. Es steht kurz oberhalb der Vorarlberger Gemeinde Lech mitten auf einer malerisch tannengesäumten Wiesenfläche, direkt neben der Gondelbahnstrecke hinauf zur Bergstation Petersboden. Das einsturzgefährdete Gebäude wurde mit großem baulichen Einsatz konservierend grundsaniert und durch einen östlichen Anbau in Holzmassivbauweise wieder in seine ursprüngliche Form gebracht. Außen lässt sich die Restaurierung des Einhofs im Sinne der Bauehrlichkeit dezent ablesen: Der Altbau im Westen zeigt eine stilgerechte vertikale Schalung mit Tannenholzlatten, der Anbau erhielt eine horizontale Stülpschalung. Die an schweren Stahlschienen hängenden Schiebeläden der Ostseite deuten die dort ursprünglich befindliche Wirtschaftsfunktion an. Das Gebäude gewann durch die Ergänzung seines Volumens nun so viel Innenraum zurück, dass es talseitig neben einer offenen Loggia in jedem Geschoss nun auch noch eine separierte Einzimmerwohnung in der Nordostecke aufnehmen kann. Für Reparaturen und Ergänzungen wurde im Altbau unbehandeltes Weißtannen-, im Neubau Zirbenholz eingesetzt. Das Erdgeschoss mit seiner halb umlaufenden Terrasse nimmt im alten Bauteil die große Küche mit Durchblick in den Vorraum, die alte Stube und ein Rückzugs- oder Studierzimmer auf. Wer nach oben geht, findet dort vier Schlafzimmer, die bis zu acht Gäste beherbergen können, und zwei Bäder plus WC. Sie gruppieren sich um einen stimmungsvollen Kaminraum, mit dessen urtümlichem Holzfeuerduft man abends zu Bett geht. Morgens weht dann durch die Loggia wie ein Weckruf die frische Alpenluft.

oben:
Das Haus im dicken Schnee. Während die nordöstliche Wohneinheit ganzjährig bewohnt ist, wird der größere Teil an Gäste vermietet, sofern ihn nicht die Eigentümer nutzen.

unten:
Mit eigener Terrasse – so wie es sich gehört – ein Jausenplatz vor dem Haus. Dahinter der vordachgeschützte Eingang.

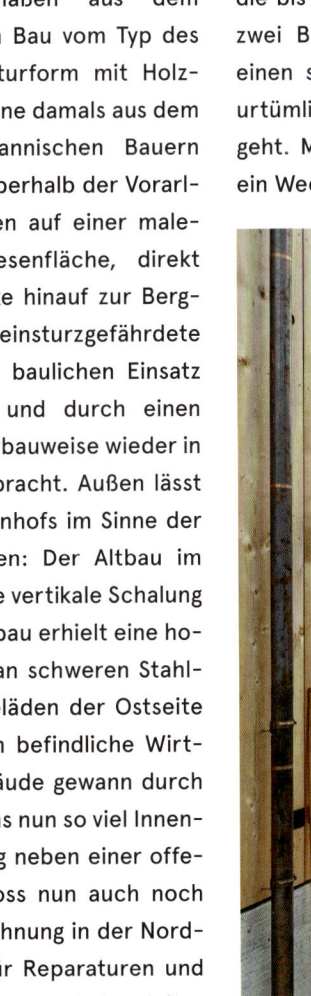

LEGENDE

1. Weinkeller / Werkstatt
2. Skikeller
3. Technik
4. WC
5. Wellnessbereich
6. Einliegerwohnung
7. Veranda
8. Vorraum
9. Stube
10. Lesezimmer / Büro
11. Küche
12. Holzlager
13. Sitzplatz
14. Zimmer
15. Bad
16. Kaminzimmer

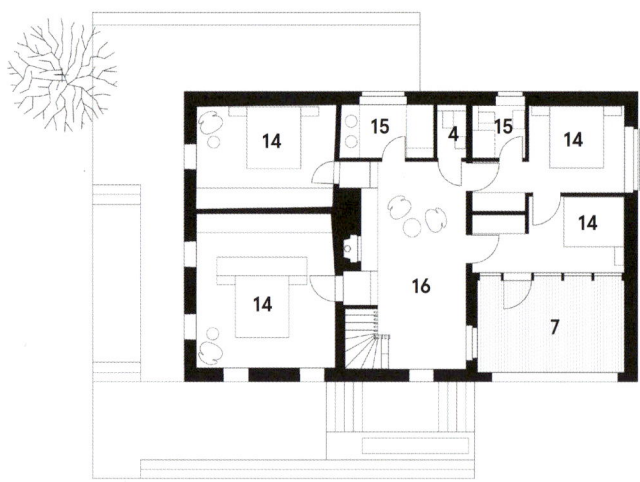

OBERGESCHOSS

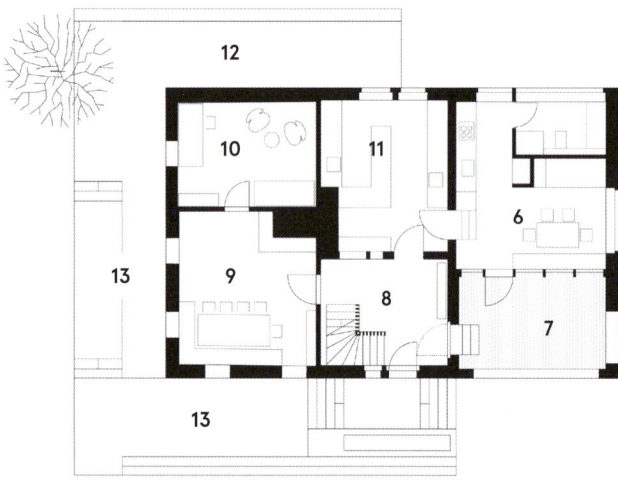

ERDGESCHOSS

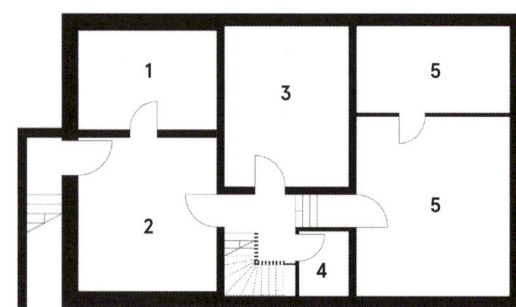

UNTERGESCHOSS

Einige der erhaltenen Deckenbalken besitzen aufgrund ihres Alters überregionale Bedeutung.

oben: In der oberen Halle wurde ein repräsentativer Kamin installiert. Zwei Türen führen zu den Schlafzimmern, gegenüber liegt die Veranda.

rechts unten: Die Stube verfügt in traditioneller Manier über einen Kachelofen sowie einen Ecktisch samt Buffetschrank. Hier wird gegessen, geplaudert und entspannt.

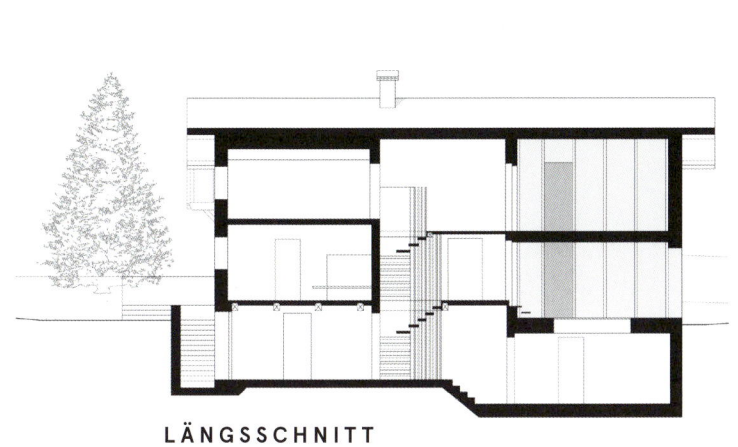

LÄNGSSCHNITT

Vom unteren Vorraum führt die Treppe nach oben zu den Schlafzimmern, den vormaligen Kammern.

Das Haus blickt auf den Hausberg des Appenzeller Landes, den Säntis.

HAUS

Ein gelbes Haus auf der Wiese. So adrett und einladend, als wäre es für eine Kindererzählung entworfen worden. Die Architekten von firm haben es neu gestaltet.

STICKEREI

REHETOBEL (CH)

— 2018

Der flache Einraum des oberen Dachstuhls wurde als stimmungsvolle Unterkunft für Gäste eingerichtet.

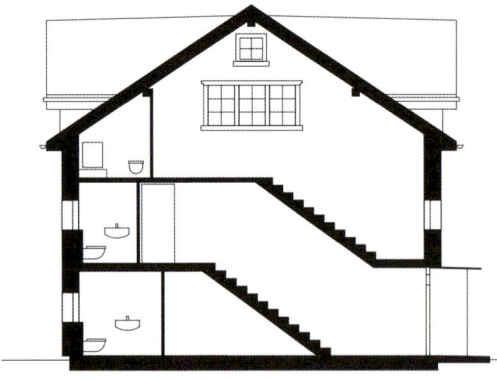

QUERSCHNITT

 LEGENDE
1. Eingang
2. Vorraum
3. Kochen / Essen / Wohnen
4. Zimmer
5. WC
6. Holzlager
7. Kochen / Essen
8. Wohnen
9. Bibliothek
10. Stauraum
11. Büro
12. Bad

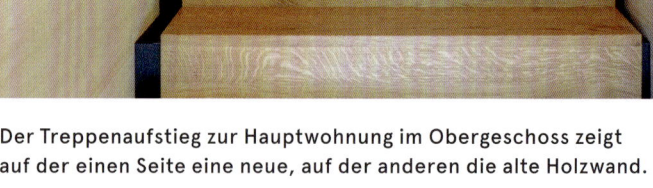

Der Treppenaufstieg zur Hauptwohnung im Obergeschoss zeigt auf der einen Seite eine neue, auf der anderen die alte Holzwand.

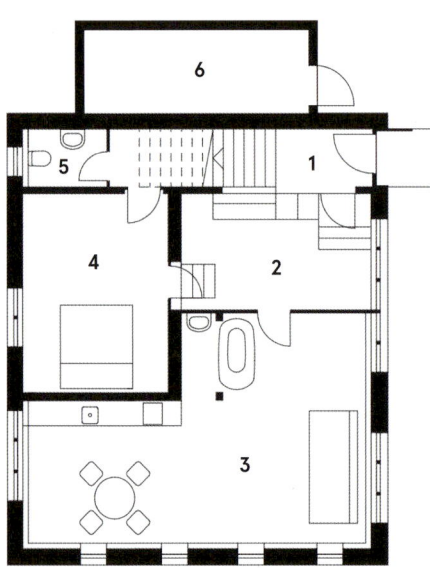

ERDGESCHOSS

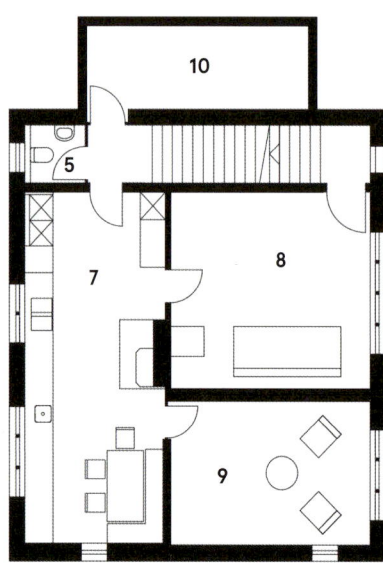

OBERGESCHOSS

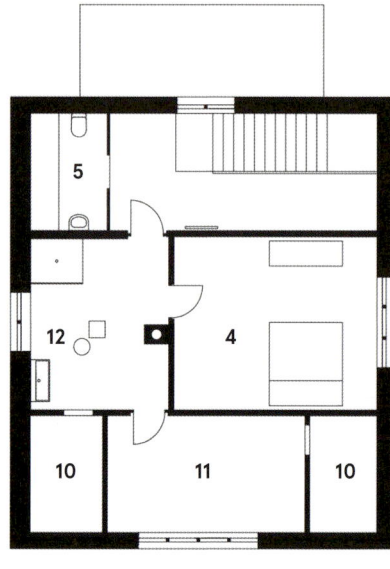

DACHGESCHOSS

**FIRM ARCHITEKTEN,
LUSTENAU (A)**
Standort: Rehetobel (CH)
Baujahr: 2018
Bauweise: Holzriegelwerk
mit einem Kern aus Strickwänden
Wohnfläche: 250 m²
Grundstücksgröße: 415 m²
Anzahl der Bewohner: 2–6
Fotograf: Jürg Zimmermann

Der Wiesenhang fällt leicht ab und verbindet sich schwellenlos mit der weich modulierten Hügellandschaft des Appenzell südlich des östlichen Bodensees – die Stadt St. Gallen ist nicht weit, der Säntis stellt das prächtige Panorama. In warmem Gelb sitzt der schlicht gezeichnete, mit Fichtenholzschindeln verkleidete Hauskasten inmitten dieser sanften Idylle, wie eine kleine, liebenswerte Landschule, zweistöckig, mit gereihten Sprossenfenstern, die auf ein helles und ausblickreiches Interieur schließen lassen, obenauf ein bescheidenes Satteldach mit steingrauen Ziegeln, von dem nur wenige wissen, dass es im Spitz ein romantisches Schlafzimmer birgt. Nachdem tatsächlich eine Schule, aber auch ein Stickereilokal dort untergebracht war, dient das wohltuend charakteristische Gebäude, das als Holzriegelwerk mit einem Kern aus Strickwänden ausgeführt wurde, nun als Domizil und Ferienaufenthalt. Bei der Sanierung und dem Neuausbau in zwei Wohneinheiten für Eigentümer und Gäste wurden Elemente des inzwischen 150 Jahre alten Bestandes bewusst präsent gehalten und fügen sich in das dank zahlreicher heller, holzsichtiger und weiß geschlämmter oder lackierter Flächen anziehend freundlich auftretende Innere. Für das Gelingen einer derart stimmigen Umwidmung und baulichen Ertüchtigung war ein intensiver Austausch der Bauherrschaft mit den Architekten und dem erfahrenen lokalen Zimmermann unverzichtbar. Man entschied sich für eine Fassadendämmung mit Zelluloseflocken. Das bewusst authentisch gehaltene Heizsystem besteht aus einer Stückholzheizung mit Kachelofen und Herd in der Küche, punktuell unterstützt von Infrarotstrahlern. Durch die Verlegung des Hauseingangs konnte die Innendisposition ideal auf eine funktional geteilte Nutzung umgestellt werden. Unten befindet sich eine Ferienwohnung, darüber eine zweigeschossige Hauptwohnung. Auf diese Weise fügen sich alle Belange: die Erhaltung des Originalen und Typischen, eine zeitgemäße Reaktivierung und zuletzt auch die ökonomische Durchführbarkeit.

oben: Die weiße Wandung des talseitigen Bibliotheksraums verstärkt das einfallende Licht und entschärft die typisch geringe Geschosshöhe.

unten: Das Wohnzimmer verfügt über einen eigenen Kachelofen. Daneben der Durchblick zur Küche.

Heute wirken die zahlreichen integrierten Funktionen des denkmalgeschützten Bauernhauses mit den Balkonen, Außenstiegen und vielfältigen Öffnungen romantisch: vorne der Wohn-, hinten der Ökonomieteil.

Wie ein gutmütiger Freund liegt dieser alte Bauernhof da, mitten im Dorf. Damit man heute darin gut wohnen kann, wurden die niedrigen Geschosse vorsichtig erhöht.

BAUERN-HAUS OPPLIGEN

OPPLIGEN (CH)
— 2017

DÄLLENBACH/EWALD ARCHITEKTEN, STEFFISBURG (CH)

Standort: Oppligen (CH)
Baujahr: 2017
Bauweise: Holzbau
Wohnfläche: 165 m²
Grundstücksgröße: 1692 m²
Anzahl der Bewohner: 2
Fotograf: Christian Helmle

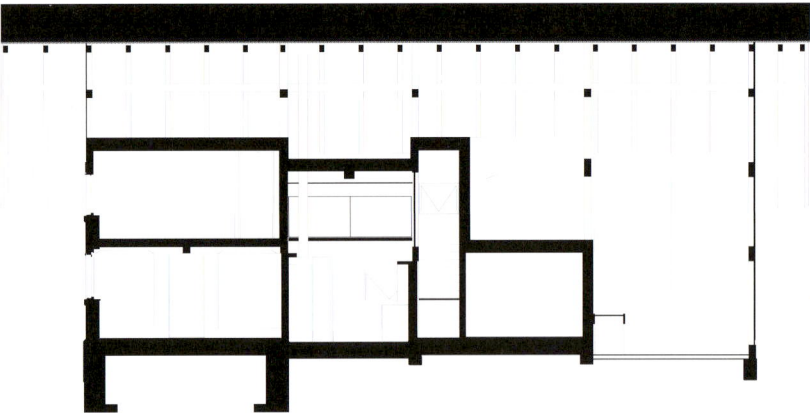

LÄNGSSCHNITT

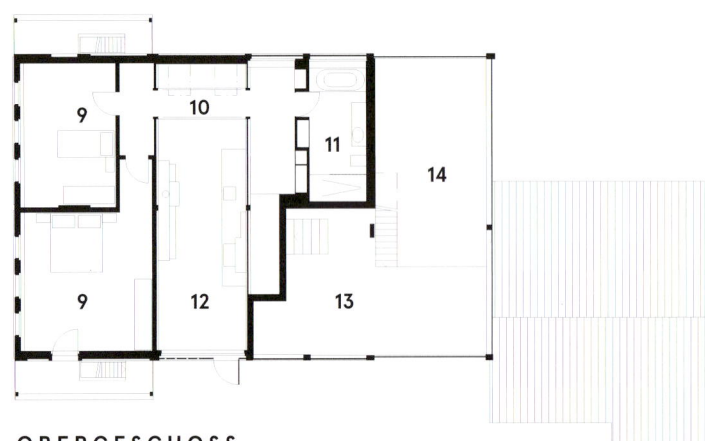

OBERGESCHOSS

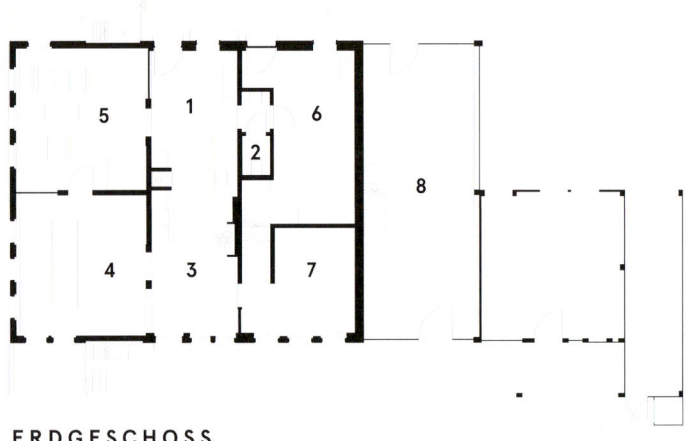

ERDGESCHOSS

LEGENDE

1. Zugang
2. WC
3. Küche
4. Essen
5. Wohnen
6. Waschen / Technik
7. Büro
8. Tenne
9. Zimmer
10. Brücke
11. Bad
12. Luftraum Rauchküche
13. Heubühne
14. Luftraum Tenne

Originelles Detail: Über die querliegende Küchenhalle und unter dem neu errichteten Dach führt eine schmale Brücke vom Bad zu den zwei Schlafzimmern.

Die ursprüngliche und regionaltypische Raumstruktur wurde erhalten. Dazu gehört die 4m hohe *Rauchküche* im Zentrum des Gebäudes. Auf ihrem alten Tonziegelboden liegen nun schlichte Keramikplatten.

links:
Um die zu niedrige Raumhöhe auf beiden Geschossen auf 2 m zu erhöhen, wurde der Erdgeschossboden vertieft und die Obergeschossdecke gehoben. Sanierte Flächen bleiben dank der verbauten hellen Weißtanne sichtbar.

oben:
Das Wohnzimmer besitzt einen Kachelofen mit Sitzbank, einen sogenannten *Trittofen*. Links der Durchblick zur Küchenhalle, rechts in das Esszimmer.

Auch wenn die Gipfel der Alpen im Berner Mittelland in weiterer Entfernung liegen, befindet man sich dennoch in einer durchaus typischen Schweizer Landschaft. Dies stellen vor allem die großen Bauernhäuser unter Beweis. Sie verteilen sich malerisch auf dem Terrain des kleinen Ortes Oppligen, von wo aus man in elf Kilometern am Thuner See ist. Umgeben von Gärten oder Wiesenstreifen liegen sie dort, mit breiter Grundrissfläche und ausladenden Dächern, zum Teil geschmückt mit vorkragendem Krüppelwalm und charakteristischem Bogenschild. Unter ihnen gehört das hier vorgestellte Bauwerk aus dem Jahr 1697 zu den ältesten Höfen der Ortschaft. Das Satteldach wurde im Laufe der Zeit zwar vereinfacht, ansonsten hat sich der Originalbestand in erstaunlich gutem Zustand erhalten. Abgesehen von seinem niedrigen östlichen Scheunenanbau steht das in Ständerkonstruktion errichtete Haus auf einem rechtwinkligen Grundriss, von dem die drei nach Westen gerichteten Viertel dem Wohnbereich zugehören. Der hintere Bereich, die *Tenn*, nimmt den mit dem Dachstuhl verbundenen ursprünglichen Heu- und Wirtschaftsteil auf – ein Freiraum mit hohem atmosphärischen Wert und späterem Ausbaupotenzial. Hinter der Giebelfront, die aufgrund des angegriffenen Altzustands komplett neu aufgebaut werden musste, liegen oben zwei Schlafzimmer, an die seitlich jeweils ein *Gaden* genannter kleiner Balkon anschließt. Man erreichte dieses Stockwerk damals lediglich über eine Außentreppe – ein Hinweis darauf, wie sehr Nutzung und Raumwahrnehmung sich innerhalb des jahrhundertealten Wirkungszeitraums dieser Gebäude verändern können. Unter diesen Zimmern befinden sich Ess- und Wohnzimmer. Letzteres verfügt, als vormalige Stube, über einen gut erhaltenen und nun restaurierten Kachelofen. Spannendster Raum ist die querliegende zweistöckige Halle, in der Eingang, Korridor und Küche untergebracht wurden. Installiert sind moderne Küchenmöbel mit schwarzen Kunstharzoberflächen sowie ein Cheminéeofen. Hinter der Halle, über die eine kleine Brücke gelegt wurde, befinden sich unten das Gäste-WC, Heizung, Waschküche und ein Büroraum, oben das große Bad sowie ein offener Heuboden. Überall legte man Wert darauf, dass die Sanierungsmaßnahmen, also neue Wände, Dachflächen und Verkleidungen, durch ihre Ausführung in astfreier Weißtanne sichtbar bleiben. So entsteht eine sowohl bauehrliche als auch formal reizvolle neue Wohnästhetik.

Direkt unter dem Salzberg ist das Gelände extrem steil. Bis zum Ende des 19. Jahrhunderts konnte man den Ort nur zu Fuß oder per Schiff erreichen. Mittendrin: das frisch sanierte Hanghaus.

HAUS

HALLSTATT (A)

— 2017

DR. R. & DR. P.

Wer aus seiner Loggia auf einen See blicken kann, der braucht eigentlich nicht viel mehr. Hier aber bekommt er noch ein faszinierendes Haus dazu.

Hier der Südgiebel. Auch von der kleinen Gasse aus betrachtet – eine Zufahrt mit Autos ist nicht möglich – fügt sich die Revitalisierung stilistisch sensibel ein.

Anderthalb Stunden geht es von Salzburg nach Südosten, ins Salzkammergut, nach Hallstatt, der Marktgemeinde mit Weltkulturerbestatus. Das Städtchen, nach dem eine ganze Epoche in der Eisenzeit benannt ist, ist vielleicht etwas zu berühmt – vor allem in China. Während der letzten zwei Jahrtausende entstand es auf wenigen bebaubaren Quadratmetern am steilen Westufer des Sees. Heute ist Hallstatt ein malerisches Örtchen mit zwei Kirchen, Marktplatz, ufersäumenden Bootsschuppen und Stegen sowie traditionellen Bürger-, Fischer- oder Gasthäusern, die mit ihren Satteldächern, Schlaglädern und geraniengeschmückten Balkonen auf den See hinausschauen. Neu zu bauen, verbietet der Denkmalschutz – wer aber über eine Parzelle mit Entwicklungspotenzial und altem Baubestand verfügt, der benötigt nur ein ambitioniertes Architekturbüro. Dann gilt es, sowohl mit den steilen Grundstücksflächen zurechtzukommen als auch dem Anspruch des Kontextes zu genügen. Unter diesen Voraussetzungen entstand das hier vorgestellte Wohnhaus an einer schmalen, ruhigeren Gasse, parallel zur touristisch hochfrequentierten Seestraße. Saniert und partiell erweitert wurden zwei massive Geschosse sowie der Grundcharakter des Vorgängerbaus. Es entstand etwas komplett Neues, das sich nicht nur dank des frischen Kalkputzes der Steinfassaden und des hellen Tons des verbauten Lärchenholzes vom Umfeld unterscheidet. Der untere Zugang führt in das erhaltene, dick gemauerte Hanggeschoss mit Lager und Haustechnik.

Ein Aufzug führt in die mittlere Etage, die ansonsten von der südlichen Außentreppe betreten wird. Hier gibt es einen Wohn- und Essbereich sowie ein Schlafzimmer mit großem Bad. Wie das darüber liegende zweite Bad sitzt dieses nördlich in einer großzügig durchfensterten Holzlaube. Das oberste Geschoss ist analog aufgebaut, bietet aber das größte Wohnvergnügen, das mit einem charmanten Südgiebel beginnt, einen Kachelofen in das große Wohnzimmer mit offener Küche integriert und sich mit einem Außenraum zum Steilhang hin erweitert. Wer von dort aus, am hauseigenen Fels stehend, ein paar Schritte in die obere Loggia geht, der wird überwältigt vom Ausblick auf die Alpenwelt mit See und Gipfeln in der Ferne.

Die oberste Etage schließt den Abstand des Hauses zum Felshang durch einen Außenraum mit Oberlicht. Hinter dem Glas sichtbar der Schrank des Schlafzimmers.

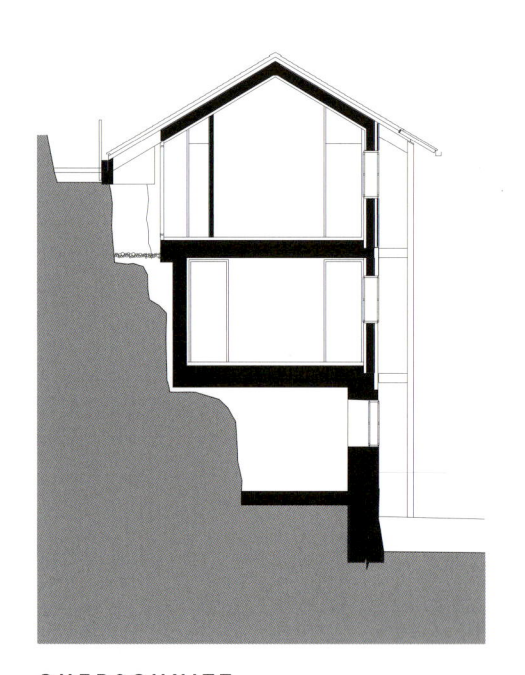

QUERSCHNITT

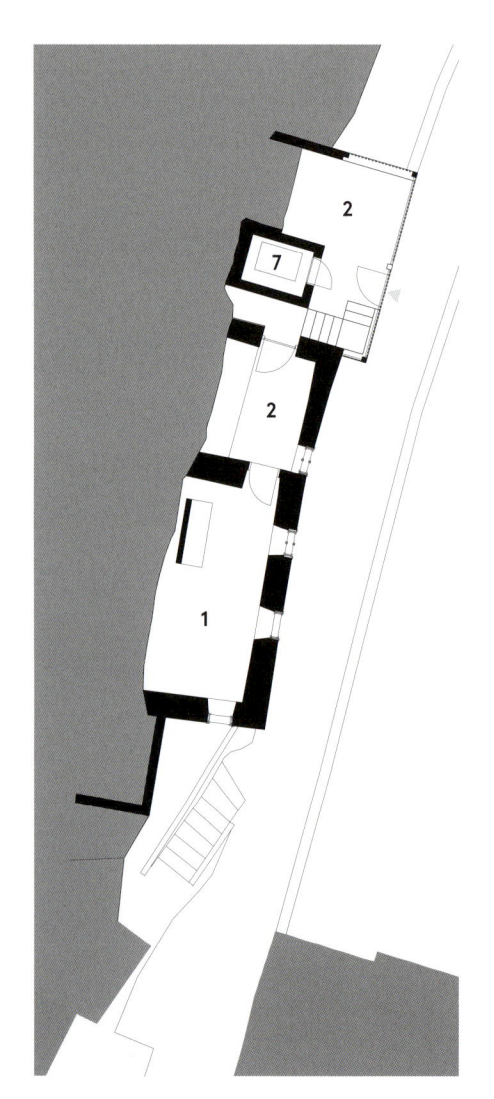

ERDGESCHOSS

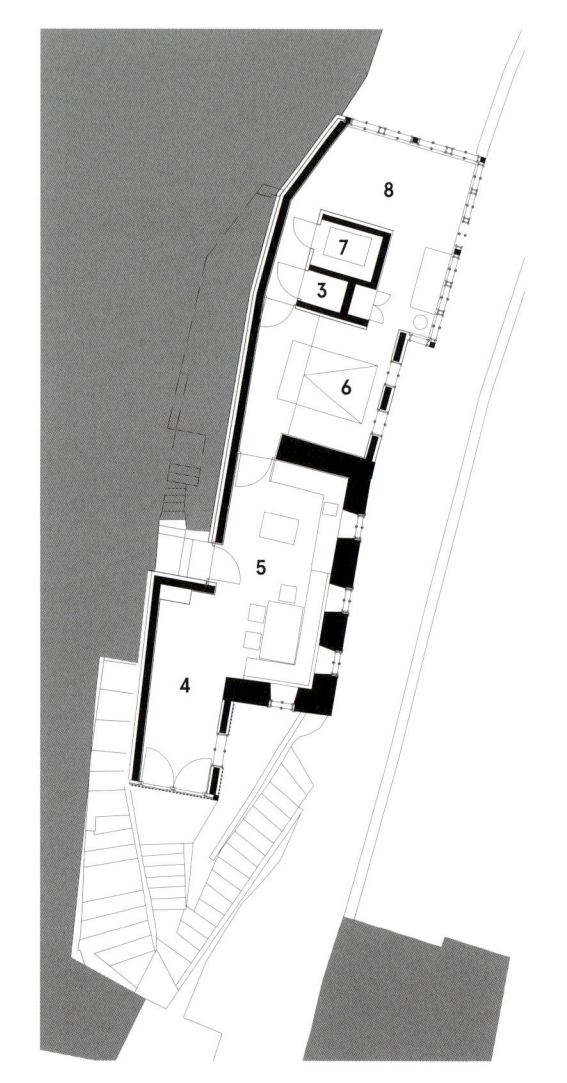

1. OBERGESCHOSS

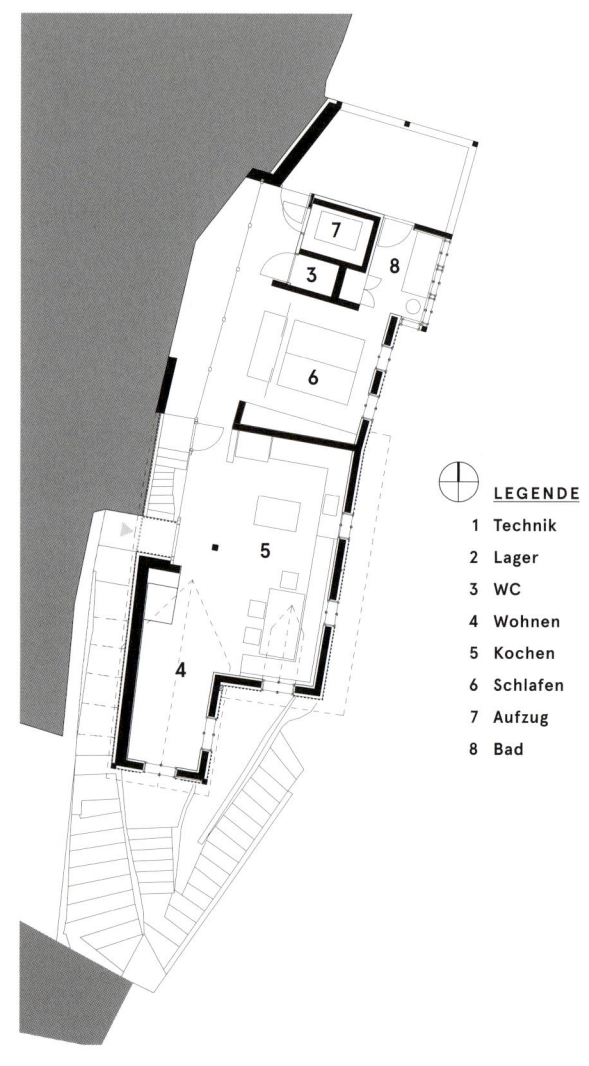

2. OBERGESCHOSS

LEGENDE
1. Technik
2. Lager
3. WC
4. Wohnen
5. Kochen
6. Schlafen
7. Aufzug
8. Bad

links oben:
Die helle Laube des mittleren Bades. Draußen wartet die Freizeitgestaltung: vom Seevergnügen über Wanderungen im Dachsteinmassiv bis zum Besuch der historischen Salzstollen.

oben:
Das abschließende Geschoss mit seiner skulptural gestalteten Decke. Der Gang führt zum nördlichen Schlafzimmer. Seitlich erlaubt eine Verglasung einen Blick auf den Fels.

unten:
Die oberste Wohnebene erhält zusätzlich Raum durch die mit Lärchenholz verkleideten Dachvolumina mit reizvoll integrierten Dachfenstern. Der obere Eingang führt direkt hinein.

ARCHITEKTEN LUGER & MAUL, WELS (A)

Standort: Hallstatt (A)
Baujahr: 2017
Bauweise: Holzriegelbau/Massivbau
Wohnfläche: 150 m²
Grundstücksgröße: 170 m²
Anzahl der Bewohner: 2
Fotograf: Walter Ebenhofer

Von oben lässt der Neubau lediglich seine Oberlichter erkennen. Sie wurden bündig in die Wiese integriert. Im Hintergrund die dramatische Silhouette der Dolomiten.

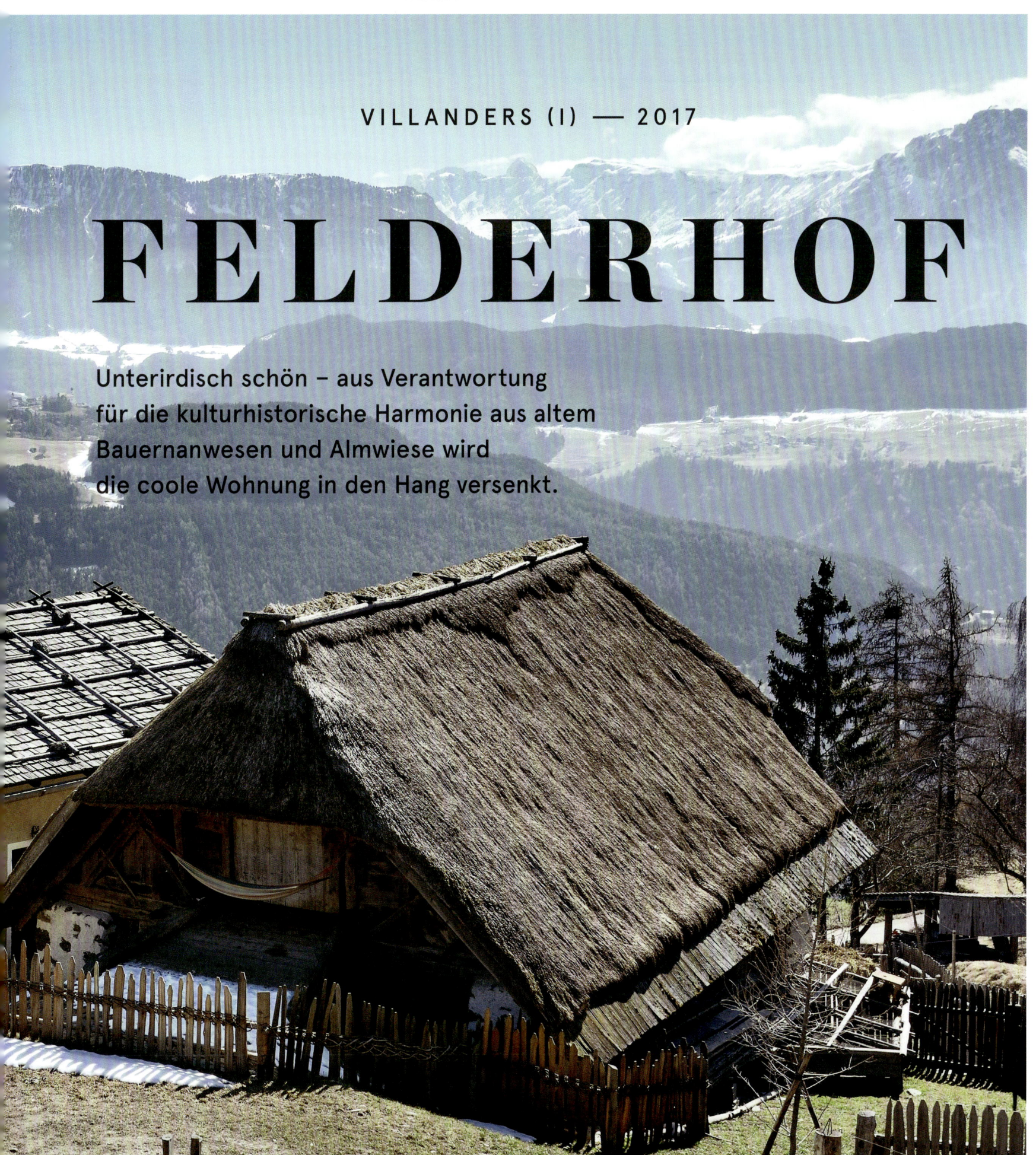

VILLANDERS (I) — 2017

FELDERHOF

Unterirdisch schön – aus Verantwortung
für die kulturhistorische Harmonie aus altem
Bauernanwesen und Almwiese wird
die coole Wohnung in den Hang versenkt.

Die Sichtbetonkonstruktion, die doppelschalig auch den Hang abfängt, wird talseitig zum Motiv der Architektur. Die vorkragende Rahmung bildet dabei die Terrasse aus und gibt Verschattung.

Vor der bodentiefen Verglasung des Wohnbereichs und der Schlafzimmer erstreckt sich die lange Sonnen- und Aussichtsterrasse.

FELDERHOF — PAVOL MIKOLAJCAK ARCHITEKT

Wie ein Netz aus Diagonalen und Serpentinen ziehen sich die kleinen Sträßchen vom Südtiroler Dorf Villanders den Südosthang hinauf. Darüber locken Wanderstrecken bis zum Villanderer Berg mit einer Höhe von 2509 Metern. Unten im Eisacktal verlaufen zahlreiche Verkehrswege von Brixen nach Bozen und verbinden sowohl mit den Zillertaler Alpen im Norden als auch mit dem Gardasee, den man in zwei Autostunden erreicht. Überall liegen, klug verteilt, die alten Höfe, aber inzwischen auch neuere Wohnhäuser, Pensionen und Hotels. Auch der Felderhof gehört zum schützenswerten Altbestand. Es ist ein regionaltypischer Südtiroler Paar-Hof, gebildet aus einem Bauernhaus, bräunlich verputzt, mit steinbeschwertem Holzschindeldach, und einem nahezu gleich großen, direkt daneben errichteten Stadel, romantisch gestaltet, mit strohgedecktem Krüppelwalmdach. Der Bauherr, ein renommierter Möbeltischler, der den historischen Bauernhof bereits vor Jahren erworben und seither baulich relativ unverändert bewohnt hatte, wollte dessen atmosphärischen Charme sowie die althergebrachte Funktionalität unbedingt erhalten, ihn aber nun durch Räumlichkeiten mit angemessenem Wohnkomfort und zeitgemäßer Ästhetik auf ein neues Niveau bringen. Dank der technisch aufwendigen Konzeption, die Erweiterung zwar nordöstlich direkt an das Bauernhaus anzuschließen, die notwendigen zwei Neubaugeschosse jedoch komplett in den sanft ansteigenden Hang zu schieben, gelang es, die gewachsene Topografie nicht zu stören. Ausgestattet mit einer großen Tiefgarage und Kellerräumen im Untergeschoss erweitert der polygonale Zubau das Anwesen um 240 Quadratmeter. Während die Scheune mit Stall ihre Originalform behalten durfte und auch das Bauernhaus mit Stube, Schlafzimmer und Küche im Wohngeschoss die bewährten und erhaltenen Räume weiterhin anbietet, erschließt nun das zwischengeschaltete Treppenhaus eine unerwartet großzügig und modern entworfene Wohnlandschaft mit langgestreckter Aussichtsterrasse. Ein großer Wohnraum mit offener Küche bildet das Zentrum, es schließen sich zwei große Schlafzimmer mit Bädern an.

Der alte Tiroler Paar-Hof liegt auf 1200 m Höhe an einem Almhang. Der Neubau schiebt sich fast unsichtbar in den Bergrücken. Kaum wahrzunehmen: die Tiefgarageneinfahrt.

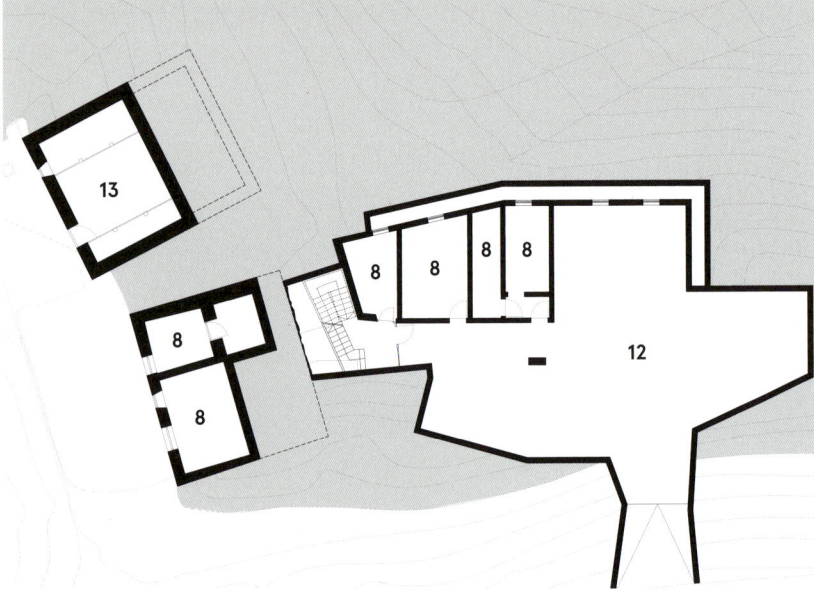

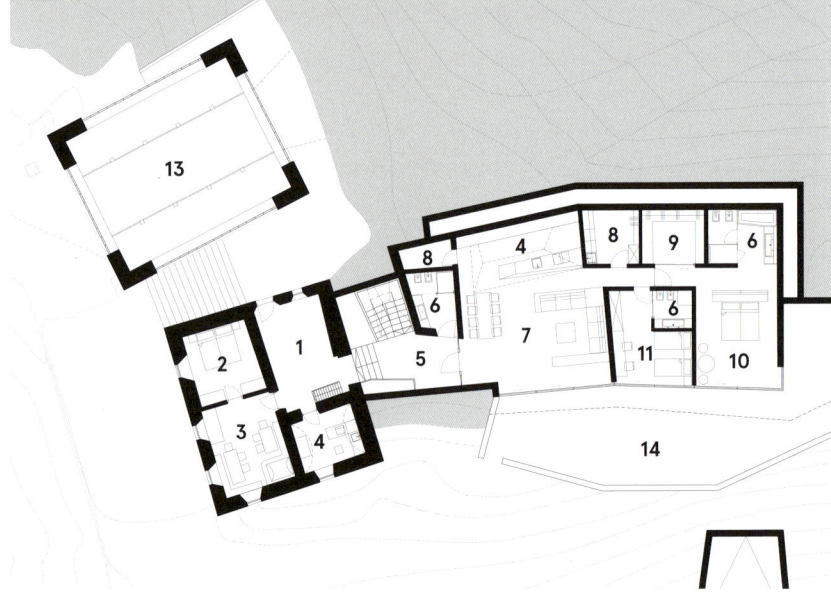

Die Sichtbetondecke des Wohn- und Wohnküchenbereichs im Anbau integriert ein großflächiges Oberlicht. Wandverkleidung und Einbauten wurden in Eiche gefertigt. Überall finden sich raffinierte Geometrien und Details.

UNTERGESCHOSS

ERDGESCHOSS

FELDERHOF — PAVOL MIKOLAJCAK ARCHITEKT

Die traditionelle Innenarchitektur des Bauernhauses ergänzt den modernen Neubau. Hier findet man nicht nur ländliche Atmosphäre, sondern im Sommer auch noch angenehme Kühle.

Das oberlichterhellte Treppenhaus verbindet Alt und Neu. Es spielt dabei mit den rauen Sichtsteinwänden des Bauernhauses und der präzisen Glätte der Materialien im Anbau: Sichtbeton, Stahl, Glas und Eichenholz.

PAVOL MIKOLAJCAK ARCHITEKT, BOZEN (I)

Standort: Villanders (I)
Baujahr: 2017
Bauweise: Massivbau
Wohnfläche: 240 m²
Grundstücksgröße: 50.000 m²
Anzahl der Bewohner: 3
Fotograf: Oskar Da Riz

⊕ LEGENDE

1 Zugang / Diele
2 Gast
3 Stube
4 Küche
5 Flur
6 Bad
7 Wohnraum
8 Abstellraum
9 Garderobe
10 Schlafen
11 Kinder
12 Garage
13 Stadl
14 Terrasse

Weit gleitet der Blick über die Dächer des Örtchens in die dramatische Gebirgslandschaft des Bergell.

HAUS 63

SOGLIO (CH) — 2016

Mehr sein als scheinen:
Ruinelli Associati spielen mit der traditionellen Bauweise kleiner Alpenstädtchen und entwickeln daraus ein modernes Wohnerlebnis.

Der Blick auf die Südseite des Hauses mit seinem Aussichtsbalkon vor dem Wohnraum im Dachgeschoss macht die Enge der dörflichen Bebauung sichtbar.

Auf der Ostseite verfügt das Häuschen über einen kleinen Hof, den man direkt von der Küche aus erreicht. Oben das Badfenster.

Der Eingang liegt auf der Nordseite. Die Originalpatina der Fassaden wurde bewusst erhalten, um die historische Integration des Gebäudes in das Ortsbild nicht zu stören.

LÄNGSSCHNITT

Typisch für viele Dörfer und kleine Orte, die sich ihre mittelalterliche Struktur erhalten haben, ist die geballte Dichte der Bauwerke. So scheinen sich auch in Soglio während der Entstehungsphase im 12. Jahrhundert die ersten Bewohner mit ihren hauptsächlich aus unregelmäßig gebrochenen Steinen und dicken Holzbohlen errichteten Häusern entlang weniger Gassen aneinandergeschmiegt zu haben. Die großartige Landschaft des Bergell, deren topografische Dramatik wir Menschen des 21. Jahrhunderts mit genießendem Abstand schätzen, bereitete den Generationen vor uns existenzielle Probleme: karger Boden, gefährliche Felsen und harte Winter. Soglio entstand auf einer Talhangterrasse auf 1090 Meter Höhe, oberhalb des Weges vom Malojapass in die Lombardei. Das Miteinander der Bauernhäuser, eng aneinandergebaut, getrennt nur durch einen schmalen Bauwich, kombiniert mit kleinen Höfen und erschlossen von Gassen, schützte vor Wind und Felsschlag und schuf, unter dem Signalmotiv des hoch aufragenden Kirchturms, einen bis heute reizvollen Ort. Dicht eingefügt sitzt auch das hier restaurierte kleine Gebäude, das immerhin über vier Stockwerke verfügt. Um es nach heutigen Ansprüchen bewohnbar zu machen, mussten neben dem Erhalt originaler Elemente wie Stube und Zimmer, Gewölbe und Treppe dafür allerdings auch die Geschossdecken erhöht werden.

Im Wohnraum unter dem Dach gewährleistet ein Stahlträger die Statik, auf kleinen Holzklötzen sind die historischen Balken des Dachstuhls abgelastet.

RUINELLI ASSOCIATI, SOGLIO (CH)

Standort: Soglio (CH)
Baujahr: 2016
Bauweise: Massivbau/Holzbauweise
Wohnfläche: 145 m²
Grundstücksgröße: 148 m²
Anzahl der Bewohner: 4
Fotograf: Marcello Mariana/ Ruinelli Associati

Das Zusammenspiel des Alten mit den bewusst sichtbar gehaltenen Sanierungsmaßnahmen funktioniert aufgrund der sensiblen, aber auch in der Umsetzung stilistisch adäquaten Machart – es handelt sich immerhin um die architektonische Fortschreibung des ländlichen einfachen Bauens. Die neue, dünne Betondecke über dem Erdgeschoss wurde von Hand geglättet, der 12 Zentimeter starke Holzboden des Dachgeschosses ist zugleich auch Decke der darunter liegenden Räume. Das mit einem großen praktischen Keller ausgestattete Haus wird von Norden aus betreten. Der enge Flur führt in das Esszimmer mit Kachelofen und ein Arbeitszimmer sowie in die Küche, an die sich der traditionelle kleine Hof anschließt. Das Obergeschoss verfügt über zwei Schlafräume mit leicht erhöht gelegenem Bad. Darüber erhebt sich das den gesamten Dachstuhl einnehmende Wohnzimmer mit neuem Südbalkon.

LEGENDE
1 Eingang
2 Esszimmer
3 Küche
4 Arbeitszimmer
5 Hof
6 Korridor
7 Schlafen
8 Bad
9 Wohnzimmer
10 Terrasse

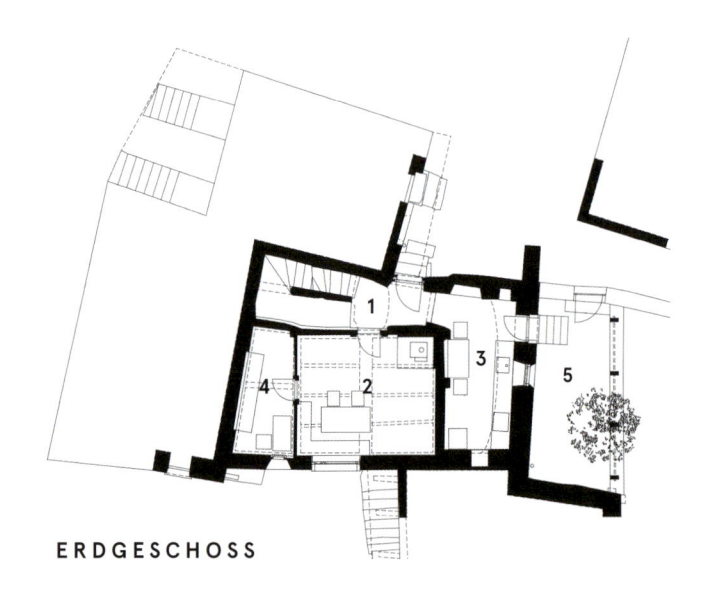

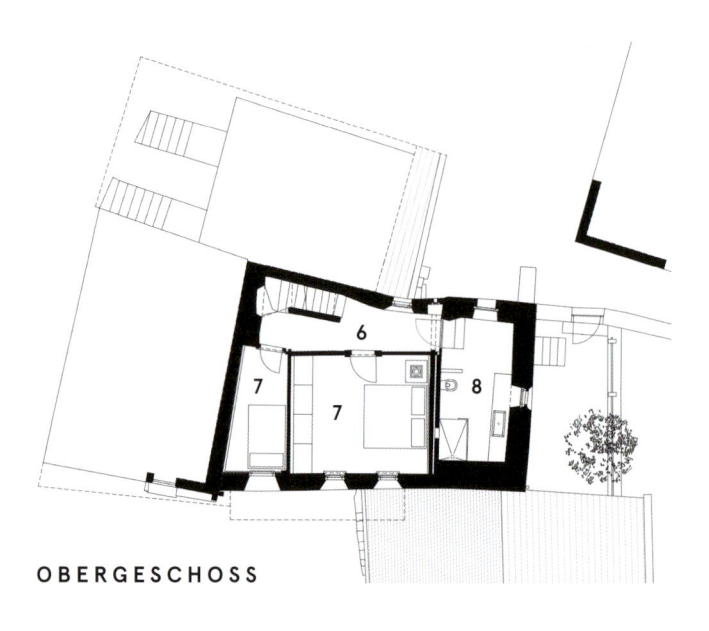

ERDGESCHOSS

OBERGESCHOSS

HAUS 63 — RUINELLI ASSOCIATI

51

oben:
Im Gang des Erdgeschosses werden die Eingriffe der Sanierung deutlich gemacht: Bruchsteinmauerwerk und Holz treffen auf Stahlbeton.

unten:
Das puristisch gestaltete Bad erhielt einen vor Ort gegossenen schwarzen Betontisch.

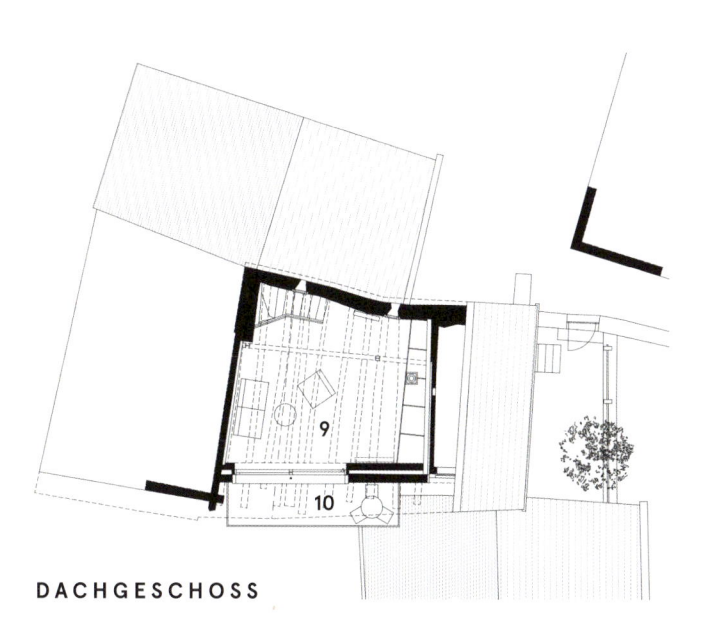

Die speziell für die Neunutzung entworfene Stahlküche profitiert atmosphärisch von einem Bruchsteingewölbe.

DACHGESCHOSS

Der Giebel ist nach Südwesten ausgerichtet: dezent farbiger Kalkputz, neue Holzfenster aus Lärche, grüne Schlagläden und ein vorkragendes Dach.

ASCHAU (D) — 2016

HOF BUCHA

Ein Bild von einem Chiemgauer Bauernhaus: zeitgemäßer Wohnkomfort in traditioneller Gestalt — mit Stubenofen, grünen Schlagläden und Dachzier.

links oben: Zum Blickfang in der Stube wurde der moderne Ofen in geschwärztem Stahl. Durch die Tür ist die steinsichtige Wand des Eingangsflurs zu erkennen.

oben: In der zwischen Ess- und Wohnzimmer gelegenen Küche und den Badmöbeln wurde das Altholz der abgetragenen Scheune verbaut und begleitet solcherart das Wohnen in die nächste Lebensepoche des Hauses.

unten: Der ehemalige Stallbereich wurde neu aufgebaut, die Wände steinsichtig belassen, um auf die ursprünglich einfache Raumnutzung hinzuweisen. Hier liegen heute die Kellerräume, aber auch ein Gastzimmer sowie die Sauna.

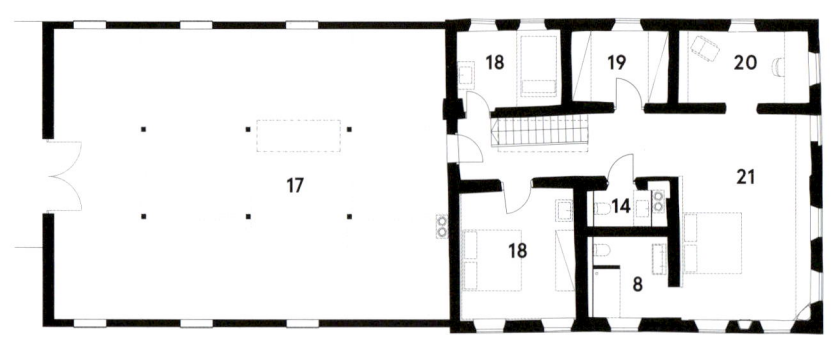

OBERGESCHOSS

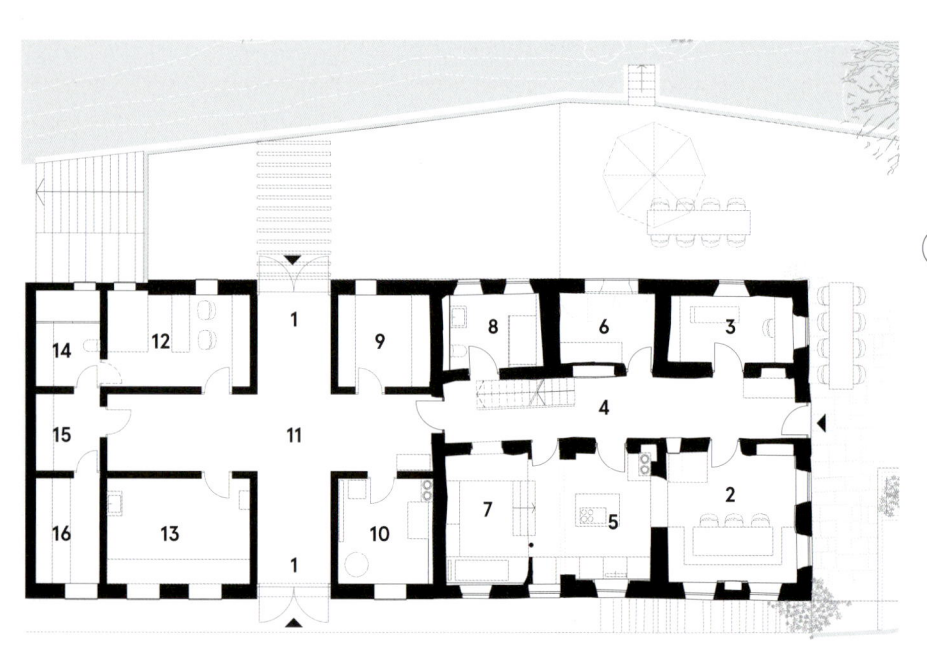

ERDGESCHOSS

LEGENDE

1 Eingang
2 Stube
3 Lesen
4 Flur
5 Küche
6 Sommerküche
7 Wohnen
8 Bad
9 Lager
10 Technik
11 Durchgang
12 Gäste
13 Werkstatt
14 WC
15 Vorraum
16 Sauna
17 Tenne
18 Gäste
19 Ankleide
20 Arbeiten
21 Schlafen

GUGGENBICHLER + WAGENSTALLER, ROSENHEIM (D)

Standort: Aschau (D)
Baujahr: 2016
Bauweise: Massivbau
Wohnfläche: 429 m²
Grundstücksgröße: 26.745 m²
Anzahl der Bewohner: 2–5
Fotografien: Guggenbichler + Wagenstaller

oben: Den Wohnbereich bestimmen helle Massivholzböden, schwimmend verlegt und gedämmt mit Holzfaser. Die Sanierung folgt bewusst den bautypischen Grundsätzen der einfach-funktionalen Landarchitektur und nimmt auch erinnerungstragende Gestaltungsdetails in ihr Konzept auf.

links oben: Die Decken im Erdgeschoss zeigen noch alte Rußschwärze und konservieren damit stilvoll die Baugeschichte des Hauses. Die bewusst modern gehaltene Stahltreppe führt ins Schlafgeschoss.

links unten: Die Revitalisierung des Hofes lebt von vielen atmosphärischen Details und Materialkontrasten: Durch ein neues Holzgewände in einer rauen Beton- und Steinwand betritt man das untere Bad.

Vom Südufer des Chiemsees steigt das Terrain mit sanften Hügelzügen langsam an – auf die 1669 Meter der Kampenwand, bis schließlich mit dem 2300 Meter hohen Gebirgsmassiv des Wilden Kaisers alpine Maße erreicht sind. Wer vom See aus dorthin reiste, nutzte von alters her die kleine Landstraße nach Aschau, passierte dessen mächtige Schlossanlage und befand sich in der ersehnten Bergwelt. Auf diesem Weg durch den Chiemgau im Süden Oberbayerns, umgeben von Äckern, Wiesen und Wald, liegt auch der Hof Bucha, dessen Geschichte bis in das Jahr 1520 zurückreicht. Die Bewohner des nach seiner Sanierung durchaus schmucken Anwesens profitieren dabei von der modernen Adaption der großflächigen Raumanlage eines landwirtschaftlichen Einfirsthofes, der nun ausschließlich dem Wohnen gewidmet wird. Hier kämpft man nicht gegen die Restriktionen einer kleinen urbanen Bauparzelle, sondern kann – nach Beendigung der vormaligen agrarischen Funktionen – neben dem Bauernhaus selbst zusätzlich über die Volumina des ehemaligen Stalls und der Scheune verfügen. Bei den Umbaumaßnahmen mussten die baufällige Tenne sowie Partien des gemauerten Stallbereichs allerdings zuerst abgetragen werden. Das alte Material des Stadels jedoch nutzte man für die Holzausstattung des Hauses: der Küche, von Esstisch und Bänken sowie der Waschtische. Der betroffene Gebäudetrakt entstand dann in gleichen Außenmaßen neu, nun ausgestattet mit großen Fensteröffnungen. Beim vorderen Hausteil wurde der Altbau mit Fundamenten und einer Bodenplatte unterfangen, um Stabilität und Trockenheit zu gewährleisten. Im Inneren gelang den Architekten, die sich sichtbar begeistern konnten für die Erhaltung und das erneute Herausarbeiten wertvoller Alt-Potenziale, eine stimmige Komposition aus ursprünglichen und zeitgemäßen Funktionen sowie Materialien. Insbesondere die drei Wohnräume mit mittiger Küche und der Stube mit Ecktisch in der Westecke speichern die Reize des ländlichen Bauernhauses – es gibt sogar eine Sommerküche. Oben befinden sich dann drei Schlafzimmer, zwei Bäder und – die Bauherrin ist Schriftstellerin – ein weiteres, intim positioniertes Arbeitszimmer.

Sichtbarer Vorteil der Sanierung: Der Altbau erhielt ein neues Panoramafenster mit Blick vom Tennengebirge bis zur Bischofsmütze.

BAUERN-HAUS

ANNABERG-LUNGÖTZ (A) — 2016

GROSS-SCHLAG-GUT

Der erste Anschein führt den Betrachter in die bäuerliche Epoche zurück. Schnell aber wird klar: Die wunderbare Patina kombiniert sich mit moderner Technik und Komfort.

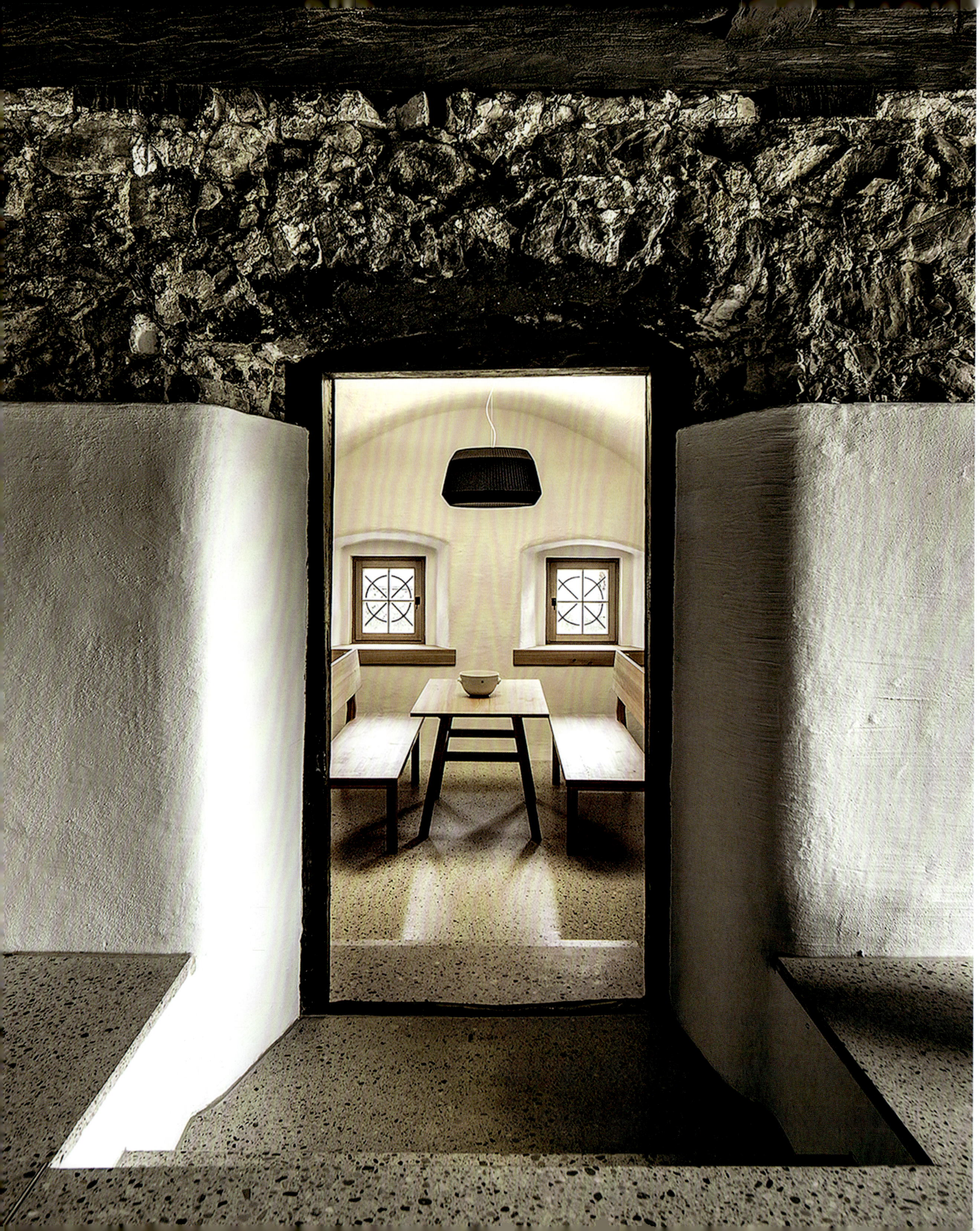

BAUERNHAUS GROSSSCHLAGGUT — LP ARCHITEKTUR

oben:
Das Bauernhaus entspricht dem Idealtypus des Alpenhauses, samt Hausbaum und Ruhebank. Für optimalen Wohnkomfort wurden die Außenwände innen gedämmt und mit einer vorgesetzten Fichtenschalung verkleidet.

links:
Der alte Gewölbekeller liegt nur leicht vertieft. In ihm herrscht nun keine Düsternis mehr, sondern adrettes Weiß.

Das prächtige Hofhaus im Salzburger Land aus dem Jahr 1648 wurde nach partieller Aufgabe der schon im 16. Jahrhundert unter dem Namen Großschlaggut erwähnten Landwirtschaft seit 40 Jahren immer wieder an Städter vermietet. Diese gönnten sich dann stimmungsvolle Tage in der Sommerfrische oder beim Schneevergnügen. Anfangs war dies mit wenig Komfort verbunden, das Haus besaß noch die alte Funktionsteilung: Im hölzernen Obergeschoss in altertümlicher Blockbauweise befinden sich die Schlafstuben mit Balkon nach vorne, hinten der Heuboden.

Im steinernen Sockelgeschoss sitzen der für solche Mittelflurhäuser charakteristische durchgehende breite Eingangsflur, die *Kuchl* und die Tagesstube vorne, hinten der Hühner- und der Schweinestall – in kleinem Abstand folgte noch ein heute abgerissenes Stallgebäude. Im Jahr 2014 fiel der Entschluss zur vorsichtigen Adaption des Anwesens für zeitgemäßes touristisches Wohnen, zur Umnutzung des vormaligen Hofes als Alpenchalet. Der Architekt befürwortete einen sorgfältigen Anpassungsprozess, der schließlich zwei Jahre beanspruchte: von der Bauaufnahme über die Planung sowie sieben Monate Bauphase bis zur Fertigstellung. Verantwortung benötigt Zeit.

oben: In den Innenräumen wurde vieles an traditioneller Gestaltung in der Originalsubstanz erhalten oder wiederhergestellt. Hier die Stube.

LP ARCHITEKTUR, ALTENMARKT (A)

Standort: Annaberg-Lungötz (A)
Baujahr: 2016
Bauweise: Massivbau und Holzbau
Wohnfläche: 200 m²
Grundstücksgröße: 800 m²
Anzahl der Bewohner: 8
Fotograf: Albrecht Imanuel Schnabel

Das Ziel war ja nicht nur, das Wohnen mit Bequemlichkeit zu versehen, sondern ein Kulturgut in das 21. Jahrhundert weiterzubauen, ohne es zu deformieren. Bauherrschaft und Architekturbüro wollten dabei Altes präsent halten, originäre Funktionen nachspürbar machen sowie typische Materialwirkungen und Raumatmosphären erhalten oder rekonstruieren. Einerseits wurden also neue Bäder, eine Sauna sowie eine hochwertige Küchenausstattung eingebaut, andererseits sicherte die Architektur mit handwerklicher Expertise das ländlich Archaische, auf dem die Atmosphäre des Hauses basiert: offene Holzwände, sichtbares Mauerwerk, dicke Tür- und Fenstergewände oder schwere Deckenbalken.

Nicht jedoch, ohne die Einfügungen oder die nun betont reduziert gestalteten Elemente der Sanierung mit hellen Holztönen sichtbar zu halten. Der Bewohner, ob temporär oder dauerhaft, kann sich nun kaum noch entscheiden, wem er seine Aufmerksamkeit zuwenden möchte: der geballten Ladung Alpenarchitektur oder der reizvollen Landschaft draußen.

rechts: Die Reaktivierung des Altbestands wird in gut detaillierten und funktionalen Veränderungen des ursprünglichen Hauses sichtbar – wie hier bei der leichten Stahltreppe.

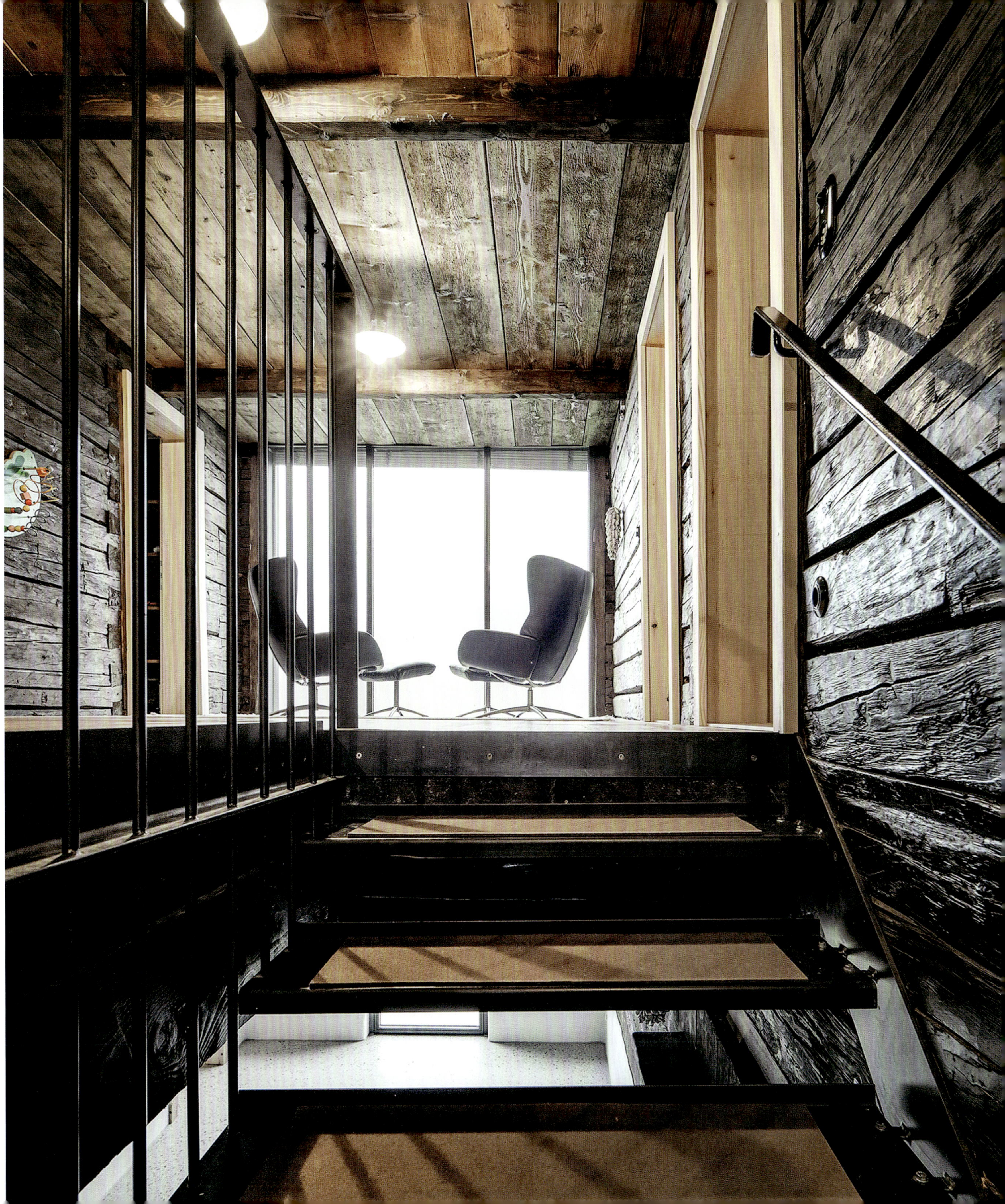

Besonders stimmungsvoll zeigen sich die Schlafzimmer mit Zirbenholzbetten. Wer möchte, kann zur Nachtruhe die äußeren Klappläden schließen.

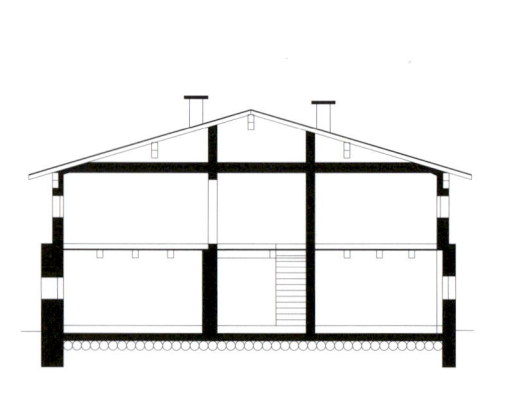

QUERSCHNITT

ERDGESCHOSS

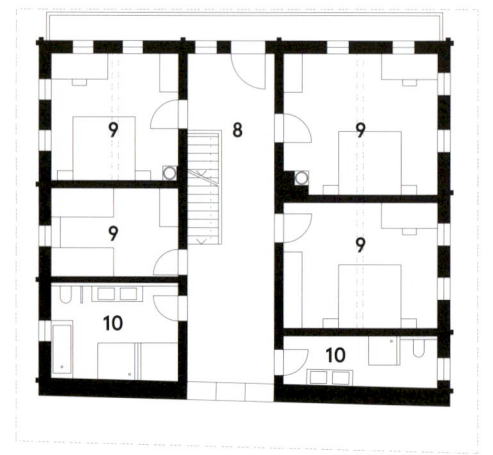

OBERGESCHOSS

LEGENDE
1 Diele
2 Küche / Essen
3 Schuppen
4 Stube
5 Lager
6 WC
7 Wirtschaft
8 Gang
9 Zimmer
10 Bad

INTERVIEW

Vom Bauernhof zum Alpenchalet

Vier Fragen an
die Bauherrin und Unternehmerin
Theresia Harml

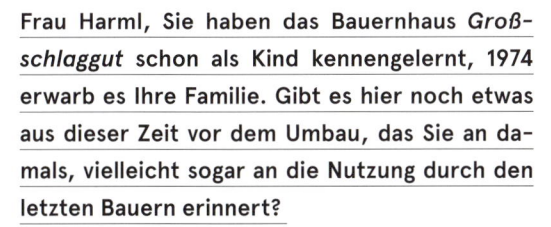

Frau Harml, Sie haben das Bauernhaus *Großschlaggut* schon als Kind kennengelernt, 1974 erwarb es Ihre Familie. Gibt es hier noch etwas aus dieser Zeit vor dem Umbau, das Sie an damals, vielleicht sogar an die Nutzung durch den letzten Bauern erinnert?

Ich kann mich daran erinnern, wie ich als Kind mit meinen Eltern und zwei meiner Geschwister mit dem Bauern Rieger und seinen beiden ledigen Schwestern rund um den kleinen wackeligen Jogltisch saß – dieser steht im Original noch im Haus in der Diele –, und unser Vater etwas besprochen hat. Vermutlich damals die Übergabe. Käth, die ältere der beiden Schwestern des Bauern, nahm mich mit in die Rauchkuchl, um Brot und Speck zu holen. Dieser hing an Stangen von der schwarzen, rußigen Decke. Das Brot holte sie – es war frisch gebacken – von einem an der Decke montierten Holzgerüst. Gleich darunter stand eine große Mehltruhe. Das Mehl wurde früher selbst erzeugt. Die Dreschmaschine vom Hof steht nun als Museumsstück im Flur.

Nach welchen Kriterien haben Sie das Architekturbüro ausgesucht? Immerhin handelte es sich ja um die Modernisierung eines uralten Bestands.

Wir mussten nicht lange auf die Suche gehen. LP architektur und Tom Lechner sind unserer Familie von vorangegangenen Projekten vertraut, und sein vorsichtiger, überlegter und respektvoller Umgang mit derart wertvollen Gebäuden war uns bekannt. Für uns kam für dieses Projekt nur jemand wie er in Frage, da wir uns sicher sein konnten, dass er wertvolles Originales erhalten und trotzdem notwendiges Neues schlicht dazusetzen würde. Mit ihm an unserer Seite konnten wir sicher sein, dass das Endergebnis etwas ganz Besonderes werden kann.

Hatten Sie schon von Anfang an ein festes Raumkonzept? Wie groß war der Einfluss des Architekten oder sogar der beteiligten Gewerke darauf?

Darüber gab es keine großen Diskussionen, denn von vornherein war klar: Dieses Haus hatte das Riesenglück, dass seine Bewohner es in den letzten 100 Jahren nicht verunstaltet hatten. Alles war im Original, sogar aus der Zeit der Errichtung, vorhanden. Dementsprechend wurden keine Wände verändert, die Räume konnten bei der Sanierung sogar in ihrer Verwendung erhalten bleiben, wie beispielsweise die vier Schlafzimmer und die Stube. Die Rauchkuchl hat ihre Funktion nur teilweise verloren: Der Raum mit dem schönen Gewölbe dient den Bewohnern als Lagerung für Gutes aus der Region. Aus dem Schweinestall wurde ein Schuppen, und der Heuboden darüber wurde zum Badezimmer.

Ist diese Art der Alpenarchitektur für Sie eine eher inszenierte, die touristische Gäste zu einem stimmungsvollen Kurzaufenthalt, zum Träumen einlädt, oder haben Sie bei Ihrem Umbau auch Erfahrungen hinsichtlich einer alltäglichen Nutzbarkeit dieser traditionellen Bauernhäuser entdeckt?

Das Bauernhaus wurde über Jahrhunderte von Bauerngenerationen bewohnt. Wir haben es nur mit den Bedürfnissen des modernen Wohnens adaptiert. Die Nutzbarkeit ist keine touristisch inszenierte. Das Haus *Käth & Nanei* – wir benannten es nach den beiden ledigen Schwestern des Bauern Rieger – ist, wie es schon immer war, von Beginn an etwas ganz Besonderes: Früher ein gestandenes Bauernhaus auf einem besonderen Kraftplatz, jetzt erfreuen sich Feriengäste bei stimmungsvollen Kurzaufenthalten, um zu träumen. Und wer weiß, vielleicht Jahre später, wird es einer unserer Söhne für sich und seine Familie als Wohnhaus nützen, um die dazugehörige Landwirtschaft wieder zu betreiben.

Hier erfüllt sich das begehrte Alpenklischee: Architekturromantik, duftendes Holz und Bergwelt.

Von unten betrachtet wirkt es fast so, als würde ein kleines Holzhäuschen schweben – so zurückhaltend ergänzt der betongrau verputzte Steinunterbau das Hausvolumen.

MAISON

ORMÔNE, SAVIÈSE (CH)
— 2016

REYNARD/ ROSSI- UDRY

Die Architektur unserer Tage darf frei kreativ und dynamisch sein. Dem verdanken wir spannungsvolle Vitalisierungen der Bautradition — wie diese hier.

MAISON REYNARD/ROSSI-UDRY — SAVIOZ FABRIZZI ARCHITECTES

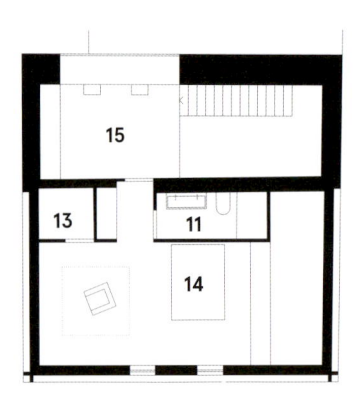

DACHGESCHOSS

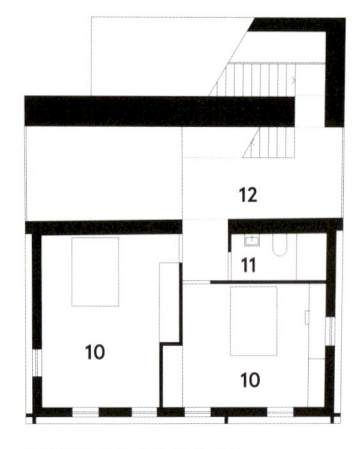

OBERGESCHOSS

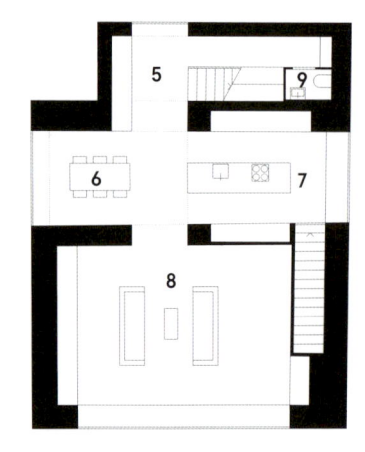

ERDGESCHOSS

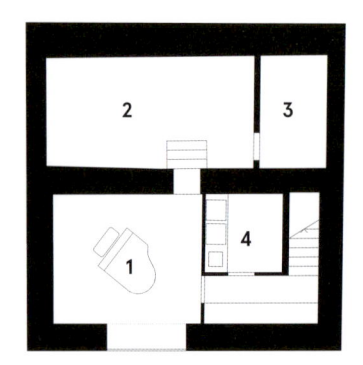

UNTERGESCHOSS

LEGENDE
1. Musik
2. Keller
3. Technik
4. Waschküche
5. Eingang / Garderobe
6. Essen
7. Kochen
8. Wohnen
9. Gäste-WC
10. Kinder
11. Bad
12. Spielfläche
13. Ankleide
14. Schlafen
15. Arbeiten

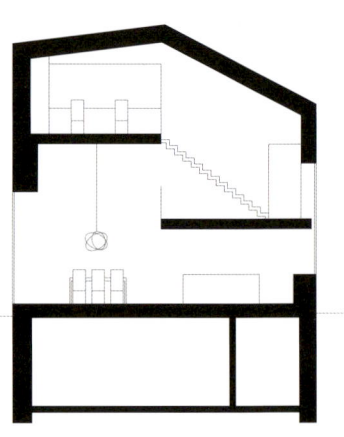

SCHNITT

SAVIOZ FABRIZZI ARCHITECTES, SION (CH)

Standort: Ormône, Savièse (CH)
Baujahr: 2016
Bauweise: Holzständerbauweise/Massivbau
Wohnfläche: 210 m²
Grundstücksgröße: 560 m²
Anzahl der Bewohner: 4
Fotograf: Thomas Jantscher

links:
Im Inneren des Sockelbaus deutet nichts auf die typische Alpenarchitektur hin. Hier das Wohnzimmer mit Panoramafenster und minimalistischer Holzverkleidung.

Um einschätzen zu können, was bei diesem Projekt passiert ist, müsste man das ursprüngliche Haus kennen. Es steht an einer Dorfstraße oberhalb der Stadt Sitten im Wallis. Bereits auf den ersten Blick ist leicht zu erkennen, welche Partie den Originalzustand vertritt: der vordere obere Giebel in Holzständerbauweise. Er stammt aus dem Jahr 1860. Das unauffällige Gebäude zitierte die traditionelle Bauernhofarchitektur der Gegend: einen Natursteinbaukörper mit eingefügtem hölzernem Wohnbauteil für Stube und Kammern. Doch nun beginnt bereits auf Höhe der Dachpfette das Neue. Man erkennt Abschlussleisten aus Zinkblech, die sich rahmenartig um das alte Satteldach herumziehen und es mit dem neuen Dachabschluss verklammern. Exakt dort, wo sich früher die weiß gekalkten Putzwände des steinernen Unterbaus befanden, wird der Betrachter nun mit einer extrem purifizierten Sockelarchitektur konfrontiert. Hier wurden die Steinmauern freigelegt und ebenso wie die ergänzenden Stahlbetonwände mit einem betont rustikalen Rauputz versehen. Zum Teil verwendete man die historische Fugentechnik der *pietra rasa*, bei der die Steinköpfe der Mauer sichtbar bleiben.

Im Sockelbau verteilen sich wenige, großflächige und betont bündig in die Wandung eingepasste Fenster- und Türöffnungen, ausgerichtet auf definierte Aussichten: Im Osten sieht man das Rhonetal, im Norden die leicht ansteigende Bebauung des Ortes Savièse, im Süden blickt man auf Sitten und die Berglandschaft des Val d'Hérens gegenüber und im Westen in den eigenen kleinen Garten. Der prägnante Holzteil enthält nun im Dachgeschoss das Schlafzimmer der Eltern mit Bad, darunter die beiden Kinderzimmer, ebenfalls mit Bad. Der nach Norden angesetzte obere Neubauteil besteht aus einer schmalen, querliegenden Halle, in der sich von oben eine Arbeitsgalerie, eine Spielfläche und auf Erdgeschosshöhe der Küchen- und Essbereich anordnen. Im Keller befinden sich Technik- und Lagerraum, die Waschküche sowie ein quadratisches Musikzimmer. Der auf der Gebäuderückseite schräg abgeschlossene Bauteil beinhaltet den neuen Hauseingang sowie die Treppe und das Gäste-WC. Auf dieser Ebene betritt man auch das wie die Schlafräume oben komplett mit Lärchenholz verkleidete Wohnzimmer mit Panoramafenster.

ganz links:
Der hangseitige Bauteil besteht aus der Querhalle. Über der offenen Küche liegt die Spielgalerie, links der Hauseingang und die Treppe ins Obergeschoss, rechts das Wohnzimmer.

links:
Das Zusammenspiel von Holz und Sichtbeton wird im Übergang von den talseitigen Räumen zur rückwärtigen Querhalle besonders erlebbar. Blick auf die Kinderebene.

oben:
Die Rückseite mit ihrer Treppenschräge lässt das Hybride des Konzepts nicht erahnen. Das große Fenster belichtet die Küche und die Spielebene darüber.

An der Giebelfront lässt sich die innere Organisation ablesen: oben Schlafen, mittig Kinderzimmer und Bad, unten Essküche und Wohnen.

Eine geniale Weiterentwicklung des archaischen Steinhauses. Rocco Borromini entwarf für seine Bauherren ein modernes Domizil in Material und Formgestalt der Region.

S.V. HOUSE

ALBOSAGGIA, SONDRIO (I)
— 2016

LEGENDE
1 Kochen / Essen / Wohnen
2 Kinder
3 Bad / WC
4 Schlafen

ERDGESCHOSS

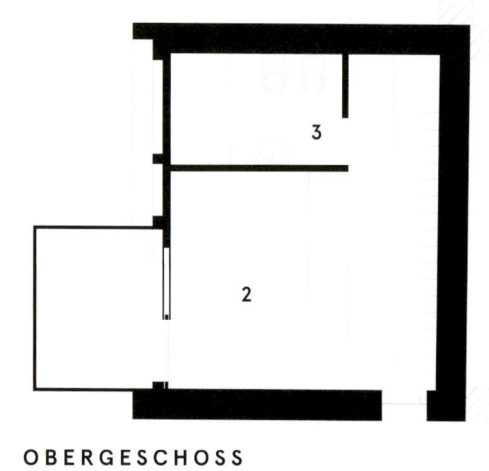

OBERGESCHOSS

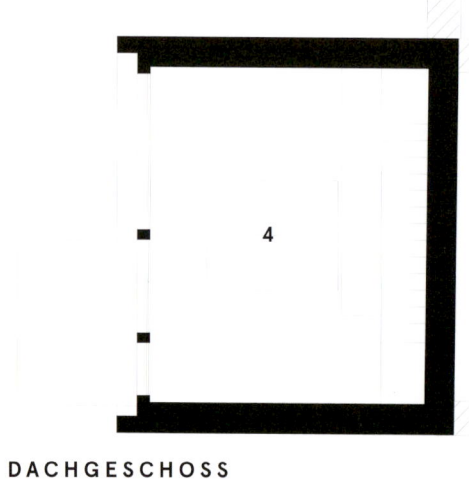

DACHGESCHOSS

ROCCO BORROMINI ARCHITETTO,
SONDRIO (I)

Standort: Albosaggia, Sondrio (I)
Baujahr: 2016
Bauweise: Massivbau
(Feldstein, Stahlbeton)
Wohnfläche: 66 m²
Grundstücksgröße: 237 m²
Anzahl der Bewohner: 3
Fotograf: Marcello Mariana

links:
Das Schmankerl im Haus:
ein Doppelbett im Dach.
Zur Belüftung wurde
das große Fenster asymmetrisch geteilt.

oben:
Der inszenierte Kamin trägt
mit flackerndem Feuer
nicht nur stilistisch, sondern
auch atmosphärisch zum
Ambiente bei.

unten:
Den Innenausbau – hier
der Küchen- und Essplatz –
prägt eine nüchtern
moderne Funktionalität.

Ein Landhaus von genialer Einfachheit. Eine Kiste aus Feldsteinmauern, ein flaches, kupfergedecktes Satteldach, große Fenster nach Westen, ein Kamin, eine simple Terrasse, die in die Wiese übergeht und eine seitliche Platte zum Parken des Landrover, darunter ein nach alter Tradition halb in die Erde gesetzter Keller. Die innere Statik gewährleistet eine Betondecke über dem Erdgeschoss, während der Boden des ersten Stocks und das Dach aus Holz gezimmert wurden. Die Geschosse umfassen jeweils lediglich 22 Quadratmeter. Trotz seiner kaum noch zu reduzierenden räumlichen Beschränkung besitzt das Haus alles: einen gemütlichen Kaminplatz, eine zeitgemäße Küche, ein bequemes Bad, einen Balkon, eine praktische Erschließung sowie ein stimmungsvolles Schlafzimmer im Dach. Die Bauherren, ein junges Paar mit Kind, waren bereits im Besitz dieses Platzes, der Ruine eines ursprünglich dort befindlichen alten Bauernhauses aus Bruchsteinen. Dessen noch im Erdgeschoss sichtbare archaische Mauern bestimmten die Proportionen des Neubaus, auf ihnen wurden die Flankenwände hochgemauert. Und sie suchten genau nach einer sowohl praktikablen als auch ländlich angemessenen Architektur für ihr Freizeitdomizil. Dennoch sollte es keine Neuauflage der alten Bautradition werden – immerhin ist dieses grüne Alpental entlang des in den Comer See mündenden Flusses Adda unweit der lombardischen Stadt Sondrio längst keine abgelegene Gegend mehr. Die Gestaltung der Giebelfront erinnert dann auch eher an die Sixties und verleiht dem Entwurf damit etwas Modernistisches. Typisch dafür: jene romantisch angehauchte Kombination aus Rustizität – hier vertreten durch die rauen Mauerflächen aus lokalem Stein und die den umgebenden Bauernhäusern entsprechende Dimensionierung – und geometrischer Klarheit sowie der betonten formalen Gegensätzlichkeit der Materialien. Zum Einsatz kamen gebürstetes Lärchenholz außen und Sichtbeton, Stahltreppen, Bodenplatten aus Luserna Gneis sowie eine kräftige grüne Wandfassung innen.

Das Dorf Finhaut liegt in der dramatisch-kargen Landschaft der französischen Alpen. Die ehemalige Heuscheune des Ensembles dokumentiert die traditionelle Architekturtypologie der Gegend.

DEUX GRANGES À FINHAUT

FINHAUT, WALLIS (CH)

— 2015

Eine Verbeugung vor der ursprünglichen, bescheiden auftretenden Alpenarchitektur — wiederbelebt als perfekte Melange aus Authentizität und Coolness.

Unter dem vormaligen Heulager befand sich früher der Stall. Heute liegt dort der Eingang des Ferienhauses, darüber die Veranda.

Die Bilder vermitteln es schon – hier befindet man sich im echten Hochgebirge. Das obere Tal von Trient im Wallis liegt bereits auf 1200 Meter Höhe, nahebei steigen die Serpentinen die Hänge hoch, die sich bis zur Gipfelpyramide des Tour Sallière auf 3219 Meter ziehen, westlich erreicht man den überraschend großen Stausee Lac d'Emosson, und nur wenige Kilometer sind es zur französischen Grenze. Finhaut, ein Dorf aus zumeist mehrstöckigen, weiß gekalkten Steinhäusern, oft kleinen Hotels, ist ein beliebter Ausgangsort für Bergwanderer und Tourenradler, da es mit seinem Bahnhof direkt an der Strecke des Mont-Blanc-Express liegt, zwischen Chamonix und Martigny. Doch anders als in jenen kultiviert im weichen Tal gelegenen Alpenorten findet man – so stellt es dieses Feriendomizil unter Beweis – in Finhaut noch etwas vom Charme des Ursprünglichen. Dies ist zweifelsohne den Architekten von Personeni Raffaele zu verdanken, denn ihnen gelang es, den bescheidenen Charakter einer ortstypischen *Grange*, einem Heuschober aus dem 19. Jahrhundert, zu bewahren und mit neuer Nutzung als Ferienhaus für zwei Paare oder eine Familie in die Gegenwart zu überführen – und dies mit einer starken modernen Ästhetik. Ihre Ergänzung durch eine formal unabhängig vom Bestand gestaltete, leicht distanziert stehende zweite Hütte, eine *Cabane*, erzeugte solcherart ein reizvolles Ensemble. Während die *Cabane* das Gästezimmer samt kleiner Nasszelle aufnimmt und über eine südwärts ausgerichtete Terrasse verfügt, integrierten die Planer den Eingang des Anwesens, Bad und Schlafzimmer in das aus rauem Feldstein gemauerte, teilweise in den Hang gebaute Erdgeschoss, den ehemaligen Stall. Von ihm aus ersteigt man über eine weiße Stahlwendel den Wohnbereich im Holzgeschoss darüber. Und dort kocht man dann, sitzt, isst und erzählt, umgeben von den alten, sorgfältig erhaltenen Balken aus der ländlichen Hirtenzeit. Wer möchte, kann sich auch auf die Sofafläche in der seitlichen Veranda zurückziehen, dort wo der einst das frisch geschnittene Gras vor der Einlagerung für den Winter getrocknet wurde.

oben:
In der kleinen *Cabane* füllt ein breites Gästebett die Schlafnische. Die Fenstertür lässt sich mit großen Schlagläden schließen.

unten:
Die neu eingerichtete Sofazone auf dem ehemaligen Heutrocknungsbalkon.

oben:
Die im Wohnbereich sichtbaren Balken zeigen die ursprünglich quadratische Form der Scheune an. Inzwischen aber gibt es genug Raum für eine große Wohnküche.

rechts:
Spannung erhält die Umgestaltung durch die selbstbewusste Integration moderner Materialien. Weiß glänzende Oberflächen, Stahl und Kunststoff treffen auf historisch patinierte Hölzer.

PERSONENI RAFFAELE, LAUSANNE (CH)
Standort: Finhaut, Wallis (CH)
Baujahr: 2015
Bauweise: Holzbau, Steinsockel
Wohnfläche: 82,50 m²
Grundstücksgröße: 475 m²
Anzahl der Bewohner: 4
Fotografin: Catherine Leutenegger

LEGENDE
1 Eingang
2 Dusche / WC
3 Schlafen
4 Wohnen
5 Kochen
6 Veranda
7 Gast

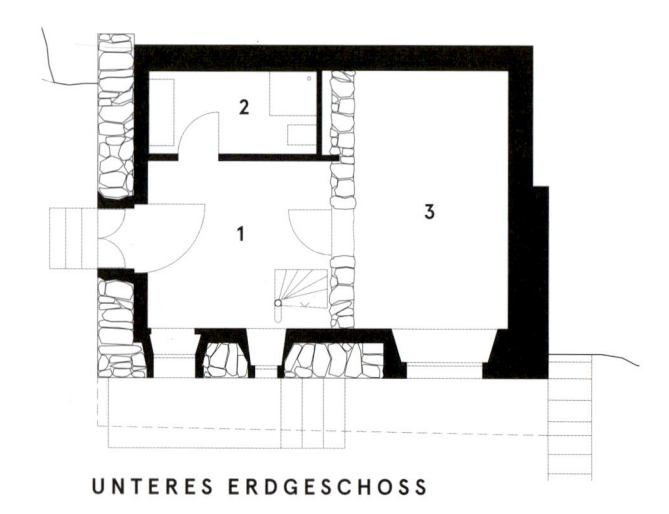

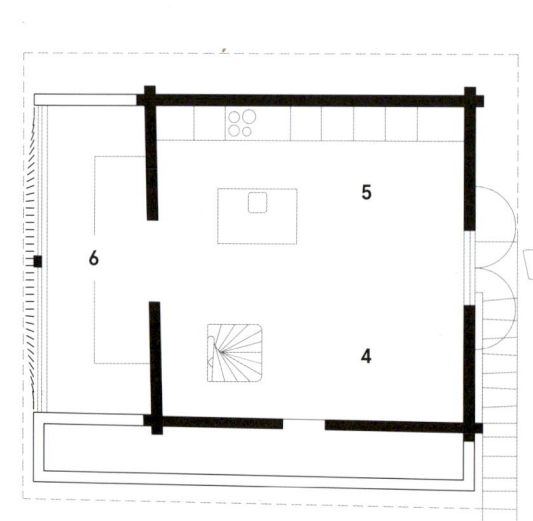

UNTERES ERDGESCHOSS

OBERES ERDGESCHOSS

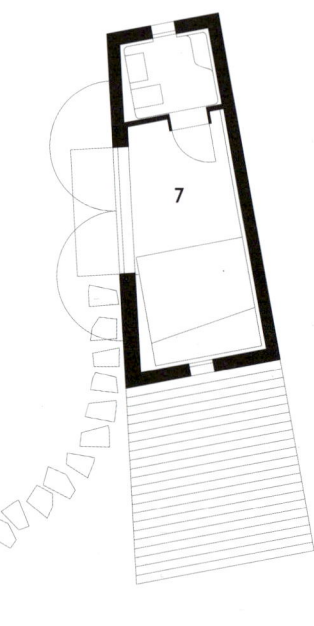

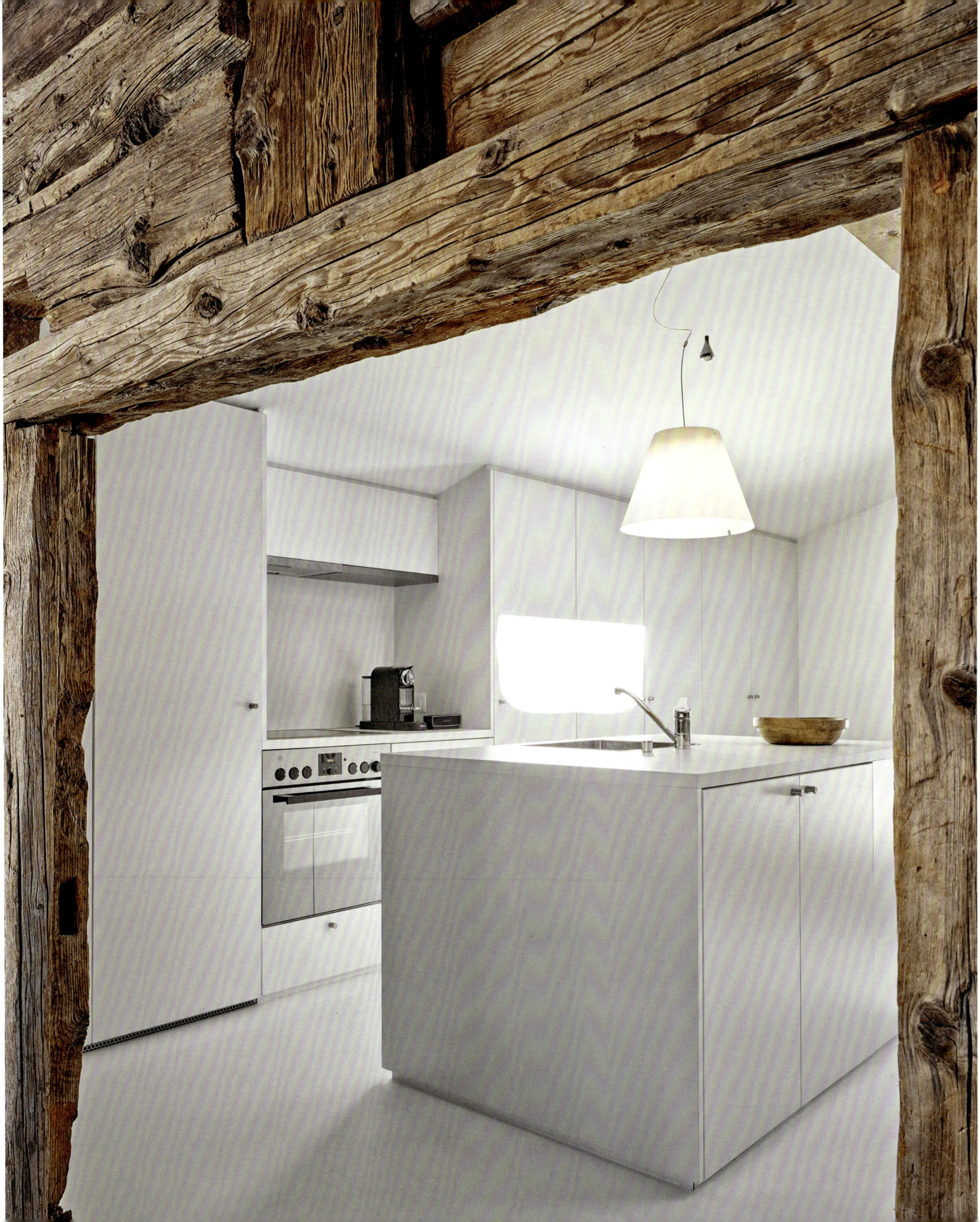

Das kleine Haus besetzt seinen Platz wie eine Aussichtsbank für den Wanderer – in der Stille des Waldrands, hoch gelegen, mit weitem Blick in die Alpen.

CASA

PIATEDA, SONDRIO (I) — 2015

VI

Sehr rustikal:
ein Rückzugsort am Waldhang,
ein grandioser Blick,
ein Häuschen aus Feldsteinen.
Wer eintritt, erlebt ein
kleines Architekturwunder.

Die oberen der vier großen Fenster gehören jeweils einem Schlafplatz. Am Morgen weckt einen das Tageslicht, der erste Blick gilt der grandiosen Bergwelt.

Der Platz auf circa 1000 Metern Höhe gehörte einst einer einfachen und keinesfalls romantischen Waldhütte aus Betonsteinen und Blechdach. So schön die Position auch war, so umwerfend der Blick auf die Rätischen Alpen oberhalb von Sondrio, dieses Bauwerk besaß kein Potenzial mehr. Es wurde geräumt und ersetzt durch das Häuschen, dem man seine Jugend allerdings kaum ansieht. Alfredo Vanotti, der Architekt, wählte den Weg der Neuinterpretation im Sinne einer Hommage an die ländliche Bauweise der Region. Der Hauskasten sitzt auf einer fast quadratischen Grundfläche von circa 8,00 x 8,20 Meter, nun komplett neu aufgebaut in Gestalt einer zweischichtigen, gut gedämmten Wandung aus Stahlbeton, Betonsteinen sowie einer Außenschicht aus lokalen Bruchsteinen, das Dach bildet eine weiß gestrichene Balkenlage. Auf ihr sitzt ein flacher, zum Hang hin abgesenkter Pultdachaufbau mit pointierter, umlaufender Schattenfuge. Fenster und Türen sind bewusst in unbehandeltem Lärchenholz gefertigt und unterstützen damit den gekonnt inszenierten Typus der einfachen Steinhütte – eine kontextuell passable Täuschung, die das perfekt purifizierte Dach und die großen, sprossenlosen Fensterformate jedoch schnell wieder aufheben. In ihnen offenbart sich die zeitgemäße formale Grundsätzlichkeit des Entwurfs.

oben links: Die Großform der Architektur ist denkbar einfach: eine Kiste mit Pultdach. Der Berg steigt nach Süden hin an.
unten: Die in das Erdgeschoss eingestellte Sichtbetonkiste beinhaltet das Bad.

Aus der Küche in der Südostecke entwickelt sich der minimalistische Esstisch entlang der Südwand. Im Bild der Architekt Alfredo Vanotti.

EV+A LAB ATELIER D'ARCHITETTURA,
WOLKENSTEIN (I)

Standort: Piateda, Sondrio (I)
Baujahr: 2015
Bauweise: Massivbau
Wohnfläche: ca. 70 m²
Grundstücksgröße: ca. 2000 m²
Anzahl der Bewohner: 2
Fotograf: Marcello Mariana

LEGENDE
1 Eingang
2 Wohnen
3 Bad
4 Essen
5 Kochen
6 Schlafen
7 Luftraum
8 Galerie

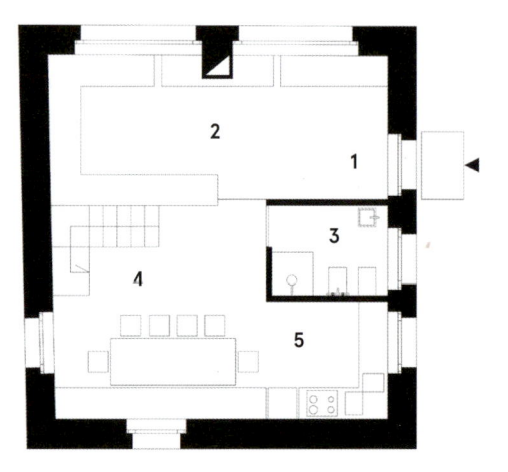

ERDGESCHOSS

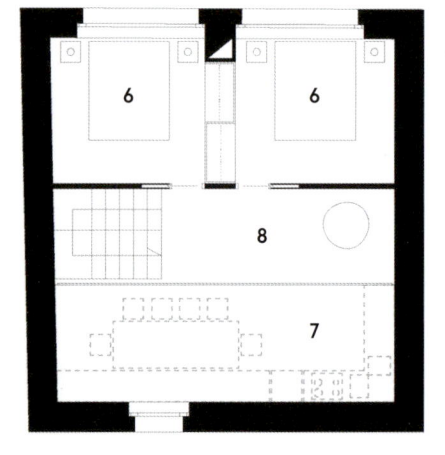

OBERGESCHOSS

Die großen Fenster erhielten außen jeweils eine Lichtleiste – gleichsam als Signal für bergendes Wohnen in der alpinen Natur.

links:
Über dem Kaminplatz befinden sich die zwei Schlafzimmer.

oben:
Die geländerlose Treppe reduziert sich im oberen Lauf auf reines Stahlblech.

unten:
Die Konsequenz des Entwurfs zeigt sich sogar in sekundären Räumen wie dem Bad: überall Sichtbeton, überall findet sich die kubische Form.

Die innere Verteilung der Wohn- und Ess- beziehungsweise Kochbereiche auf der dafür jeweils halbierten Fläche des Grundgeschosses und die klug platzierte, skulptural auftretende Treppe, mit der sich die kleine, zum ungestörten Lesen nutzbare Galerie erschließt, schaffen spannungsvolle Raumzonen, die ökonomische Zweiteilung der Wand zwischen den Schlafzimmern für zwei Schrankkammern ergänzt diese Qualität. Darüber hinaus überzeugt die Gesamtästhetik des Interieurs, die sich deutlich vom Außen unterscheidet. Hier dominieren Sichtbeton, Lärchenholz und weiß lackiertes Metall, flächig, linear – wie der Doppel-T-Träger, der die Galerie hält, oder deren einfache Geländerstange – und orthogonal. Letzteres demonstriert sich eindrücklich im Badmodul: für WC, Bidet und Waschbecken wurden Betonkisten gegossen.

Die Jassa besteht aus zwei Hälften, wovon die östliche (mit Balkon) hier vorgestellt wird. Ihre Sanierung erfolgte, nachdem 2009 schon der westliche, hintere Teil renoviert worden war.

VI, SCUOL SURA (CH) — 2014

JASSA DA PARIS

Glücklich ist, wer die Wohnqualität der beeindruckenden Engadiner Häuser genießen darf. Hier ermöglicht dies eine einfühlsame, neu interpretierende Restaurierung.

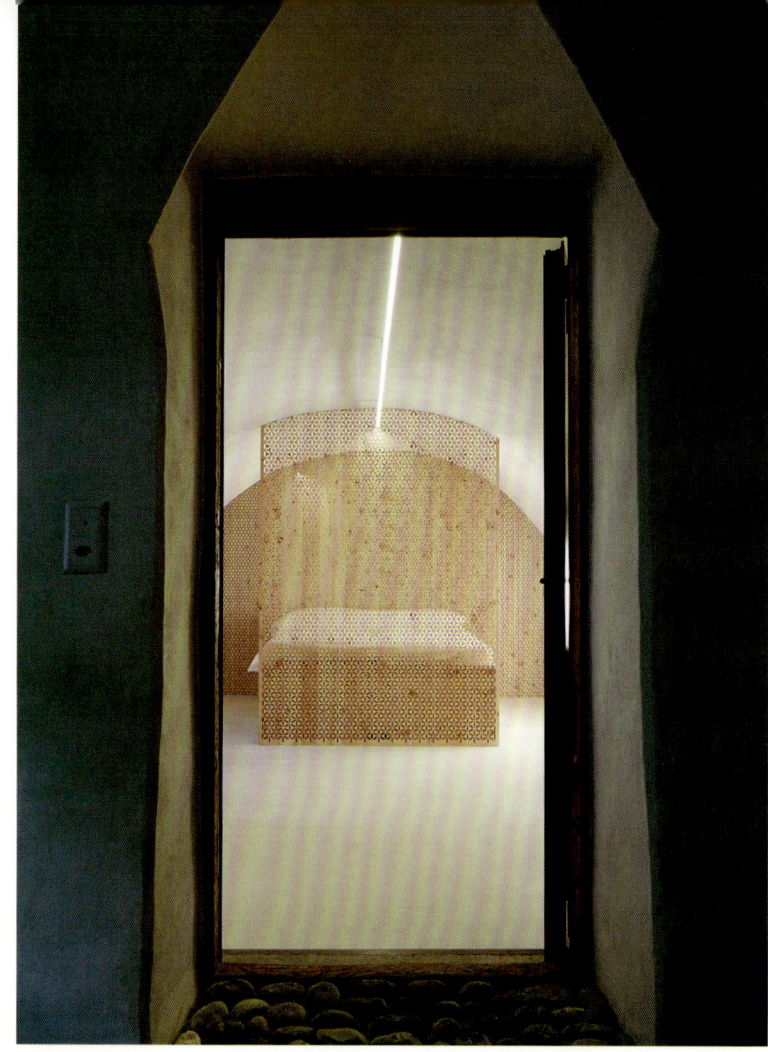

Die schmale Gasse Vi im graubündischen Scuol ist, wie der ganze Ort im Inntal, geprägt durch Häuser, die sich wie hingewürfelte Monolithe unregelmäßig entlang der Wege und um die kleinen Plätze postieren. Man befindet sich im östlichen Zipfel der Schweiz. Hinter den nördlichen Gipfeln der talsäumenden Bergkette liegt Österreich, im Süden bereits Italien. Massiv und beeindruckend hoch vereinen die herrschaftlichen Bauernhäuser Stall und Wohnen in einem Block aus Mauerstein und hellem Putz. Das 1639 erbaute und um 1750 umgestaltete Gebäude entspricht mit seinen kleinen quadratischen Fenstern in geschmückter Trichterlaibung dem typischen Unterengadiner Baustil. Um eine heute sinnvolle Nutzbarkeit zu erzielen, wurde das historische Raumgefüge, das bereits 1931 durch die Explosion einer integrierten Schmiede und 1951 durch einen Brand wesentlich gestört worden war, neu geordnet.

links:
Blick in das untere Appartement. Das Bett sowie das dahinter liegende Bad schirmen dekorativ perforierte Holzflächen ab.

unten:
Im Kellergeschoss verläuft ein Erschließungsgang im rechten Winkel um die Einliegerwohnung herum. Steinwände und Kieselboden schaffen eine eindrucksvolle Atmosphäre.

Auf der Straßenseite im Kellergeschoss liegt nun ein Einzimmerappartement, darüber befindet sich eine von der Halle aus erschlossene doppelstöckige Dreizimmerwohnung. Die nördliche, hangseitige Hälfte betritt man über die Haupttreppe und erreicht im ersten Stock die große Wohnhalle der oberen Wohnung, in der auf Halbstockhöhe ein Absatz mit zwei angehängten Badzylindern zu drei Schlafzimmern führt. Das Dach des Hauses füllen eine Galerie mit Essbereich, die Küche sowie eine Dachterrasse mit Panoramablick. Diese Zonen wurden komplett neu konstruiert, wobei neben weiß gestrichenem Kalkputz das typische Arvenholz großflächig und zum Teil auch ornamentiert eingesetzt ist. Neue Formen, Stahl und Glas stehen in gewolltem Gegensatz zu archaischen Wänden und Vertäfelung. Mit besonderer Sorgfalt wurde die Belichtung bewusst künstlich gesetzt, sie erfolgt direkt oder dringt durch Ornamentgitter. An einer Stelle fällt das Licht auch vom Dachfenster durch zwei Geschosse herunter, wird dann von einem trichterartigen Bodenfenster aufgefangen und noch weiter herabgeführt – durch das Gewölbe der Eingangshalle bis auf deren Boden. Dieser nach Westen leicht ansteigende Längsraum wird traditionell auch *Sulèr* genannt. Seine schmuckvolle Ausführung zeugt von der Bedeutung der ursprünglichen Bewohner im Barock.

JON ARMON RAUCH,
SCUOL (CH)

Standort: Vi, Scuol sura (CH)
Baujahr: 2014
Bauweise: Massiv
Wohnfläche: 340 m²
Grundstücksgröße: 179 m²
Anzahl der Bewohner: 11
Fotograf: René Riller

oben:
Der Eingang von der Halle in die mittlere Wohnung. Links die raffinierte Schiebetüre des Gäste-WC.

unten:
Die schmuckvoll gewölbte Eingangshalle *(Sulèr)* erstreckt sich längs der Hangseite. Die Erbauer waren im 17. Jahrhundert hohe Amtsträger in der Region.

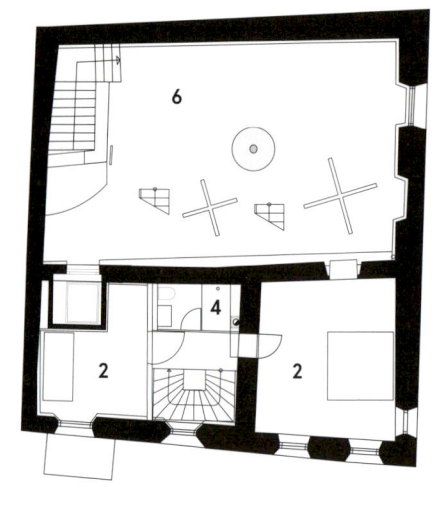

1. OBERGESCHOSS

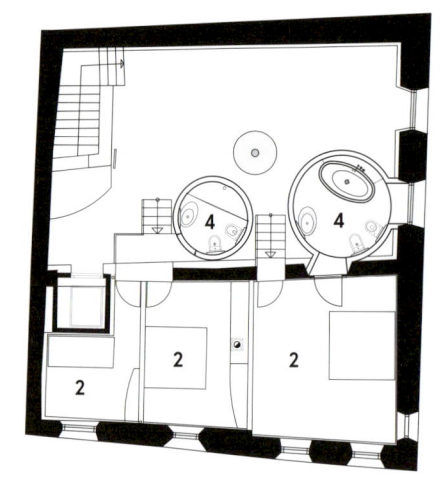

2. OBERGESCHOSS

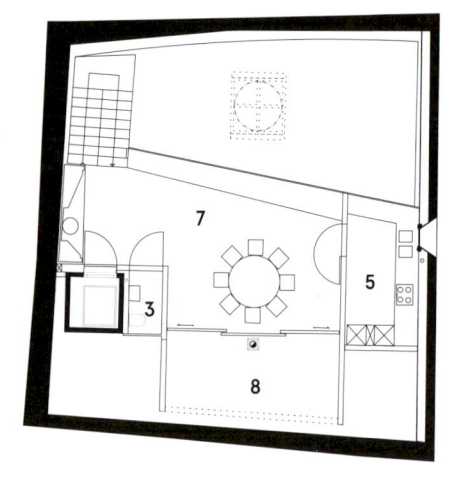

DACHGESCHOSS

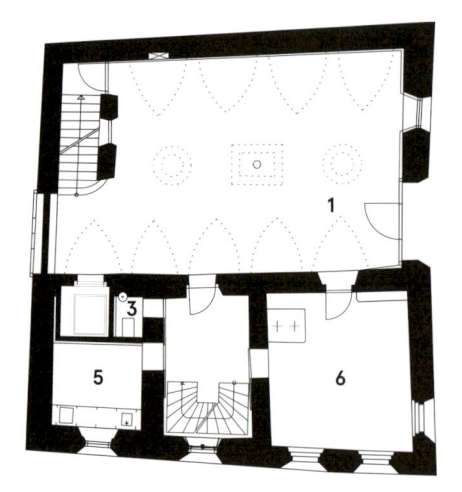

LEGENDE

1. Eingang
2. Schlafen
3. WC
4. Bad
5. Kochen
6. Wohnen
7. Galerie
8. Dachterrasse
9. Unterer Eingang
10. Technik
11. Waschen
12. Kellerraum

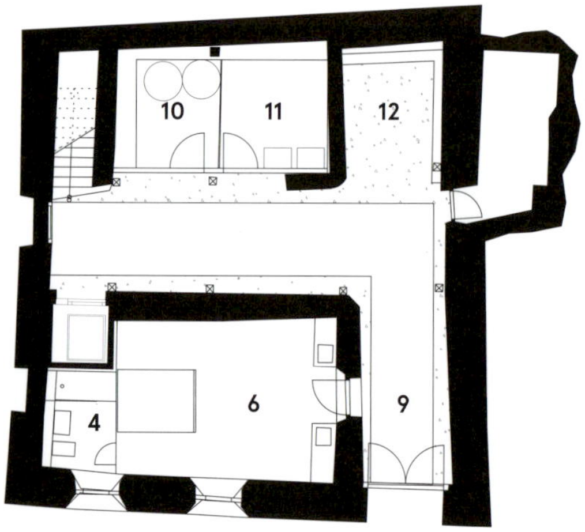

ERDGESCHOSS

KELLERGESCHOSS

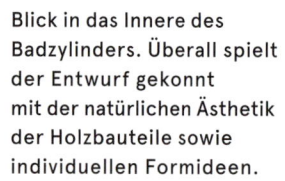

Blick in das Innere des Badzylinders. Überall spielt der Entwurf gekonnt mit der natürlichen Ästhetik der Holzbauteile sowie individuellen Formideen.

Die schwebenden Körper der auffälligen Badzylinder erzeugen formale Spannung. Sie sitzen jeweils auf einem kreuzförmigen Fuß. Alle neuen Treppen sind in Stahl ausgeführt.

„Für mich ist es ein ideales."

Fünf Fragen an
den Schweizer Architekten
Jon Armon Rauch

Herr Rauch, wenn man sich die heutigen Wohnansprüche, aber auch die baulichen Vorgaben in Bezug auf Sicherheit und Dämmung anschaut, stellt sich doch gerade einem Architekten, der wie Sie mit einem besonders hochwertigen Altbaubestand arbeitet, umgehend die Frage: Kann man in den historischen Alpenhäusern eigentlich noch annähernd authentisch leben? Wie würden Sie Ihre Haltung dazu beschreiben? Sie haben in einem Interview zur Baukultur Ihrer Heimat über das ursprüngliche Engadinerhaus ja einmal gesagt: „Für mich ist es ein ideales."

Das Engadinerhaus war seit jeher als Behausung für Mensch und Tier konzipiert. Der Heustall war im Winter mit Heu gefüllt und wirkte isolierend. Im Untergeschoss und im Stall lebten die Tiere, deren Körperwärme sich auf das Hausklima auswirkte. In der gewölbten Küche wurde gefeuert. Der Ofen in der Arvenstube beheizte die Räumlichkeiten, in denen man lebte. Dies war einheitlich so, da das Dorf aus Bauern bestand. Heute muss ein Engadinerhaus alles sein: Ferienhaus, Pension, Restaurant, Eigentumswohnung, Wohnhaus mit Garage. Aber wie viel Anpassung verträgt das Engadinerhaus? Demzufolge kann es heute nicht mehr als Wohnstätte betrachtet werden, in der authentisch gelebt wird. Für die neue Nutzung muss das Engadinerhaus den heutigen Anforderungen angepasst werden. Die Verantwortung dabei liegt beim Architekten. Er muss die Verbindung zwischen dieser Tradition und den neuen Ansprüchen herstellen, da der Bauherr und auch die Behörde damit meist überfordert sind.

Typisch: Die Sanierungsmaßnahme akzeptiert, stützt und interpretiert den historischen Baubestand.

Ein modern gestalteter Aufzug verbindet die fünf Geschosse der Jassa da Paris.

Welche funktionalen Vorteile respektive welche Nachteile haben Sie bei Ihren Projekten im Rahmen der Neubearbeitung des jeweiligen Bestands für unsere Gegenwart entdeckt – und wie haben Sie reagiert?

Lassen Sie mich diese Frage am Beispiel des Aufzugs erläutern. Eigentlich ist der Anspruch auf einen Lift im Engadinerhaus hinsichtlich der Historie sowie der Nachhaltigkeit im Umgang mit historischer Bausubstanz grenzwertig. In der *Jassa da Paris* beispielsweise wurde die Position des Aufzugs bewusst so gewählt, dass sie Teil wurde von bestehenden Türöffnungen und sich so der vorhandenen Struktur unterordnet. Für denjenigen, welcher die Anlage nicht kennt, wird es schwierig sein, den Aufzug und die Zugänge zu entdecken. Die Lifttüren wurden in Bezug auf Gestaltung, Material und haptischer Wahrnehmung den jeweiligen Geschossen angepasst. Sie sind normale Drehtüren und keine automatischen Schiebetüren. Dies war Dank der Flexibilität des Herstellers und der Hartnäckigkeit des Architekten möglich.

Was muss man denn Ihrerseits als Architekt, aber auch als Bauherr beim Umgang mit historischer Bausubstanz grundsätzlich beachten? Gibt es eventuell so etwas wie eine Bauethik?

Ja. Für mich bedeutet eine solche Bauethik, sich der bestehenden Baustruktur, der Historie, der Tradition und der Seele des Hauses unterzuordnen. Dies lässt sich beispielhaft wieder anhand der *Jassa da Paris* darstellen: Dort wurde 1931 durch eine Explosion in der Schmiedstube und 1951 wegen eines Hausbrandes vieles zerstört – ein entscheidender Nachteil. Besonders das Dachgeschoss, welches einen geschwungenen Barockgiebel besaß und bedeutend höher war, wurde durch ein niedrigeres Satteldach ersetzt. Das Haus wurde in der Folge dem jeweiligen Wohnanspruch angepasst und mit verschiedenen Verkleidungen, Ein- und Ausbauten ergänzt. Ein nachhaltiger Umgang mit der bestehenden Substanz war nicht möglich, da diese zerstört war. Mit dem durch uns vorgenommenen Rückbau der einzelnen Zimmer kamen dann die verschiedenen Ausbauschichten, inklusive verbrannter Täfelungen, wieder zum Vorschein. Diese Fragmente zerstörter Bauteile dienten den Neuplanungen als Basis und beeinflussten den Ausbaustandard. Vorhandene Wandtäfelungen, Decken und Bodenriemen wurden dort, wo vorhanden, restauriert und ergänzt, komplett fehlende Bauteile ersetzten wir durch Arvenholz. Repräsentative Räumlichkeiten erhielten zudem eine Dekoration, so, wie es im Engadinerhaus üblich war. Dabei wurde auf bestehenden Stil und Ausdruck des Raumes Rücksicht genommen. Mittels CNC-Technik wurden Reliefs als Dekoration ausgefräst. Heute definiert das Haus keine klare Trennung zwischen Neu und Alt, sondern ein Mischen von Bestehendem mit Neuem. Historische Architektur wurde mit zeitgemäßer Architektur verwoben.

Wie maßgeblich ist Ihrer Ansicht nach die Zusammenarbeit mit der Denkmalpflege und den Gewerken? Gibt es dafür vielleicht gute Ratschläge?

Die Zusammenarbeit mit der Denkmalpflege finde ich sehr wichtig. Im Fall der *Jassa da Paris* aber war diese nicht vordringlich. Das Haus ist nicht als schützenswert, sondern lediglich als erhaltenswert eingestuft. Deshalb war die Begleitung durch die Denkmalpflege nicht nötig. In Bezug auf die

Die Integration eines Badmoduls in einem Schlafraum mit historischer Holzverkleidung übernehmen zwei Glasflächen und eine vorgesetzte, rastergefräste Wandplatte aus Arvenholz.

Gewerke wäre zu bemerken: Die Zusammenarbeit mit qualifizierten, zuverlässigen Unternehmen ist entscheidend! Sie ist Voraussetzung für das Gelingen einer so anspruchsvollen, komplexen Renovationsarbeit. Langjährige Geschäftsbeziehungen bilden Vertrauen und sind ein großer Vorteil.

Ihr Werk kennzeichnet eine formal sehr eigenständige und pointiert freie kreative Gestaltung. Was meinen Sie: Wie weit darf oder soll man sich sogar von den Traditionen und Gegebenheiten entfernen?

Vielleicht scheint es bei meinen Arbeiten manchmal so, als ob da eine Entfernung zwischen der Tradition und dem Neuen bestünde. Es ist aber eher so, dass die Tradition aufgegriffen und mit dem Neuen verbunden wurde. Mit handwerklichem Geschick und der richtigen Materialwahl wurde das Bestehende ergänzt und vervollständigt. Voraussetzungen sind Sensibilität und Einfühlungsvermögen, das Einfangen der Ausstrahlung des Gebäudes. Möglicherweise ist dies der Schlüssel zu einer zeitgemäßen Architekturlösung.

Als Jon Armon Rauch 2011 in Fuldera ein Unterengadinerhaus aus dem 17. Jahrhundert sanierte, verlegte er die neue Wohnhalle in den hohen Stallanbau an der Gartenseite.

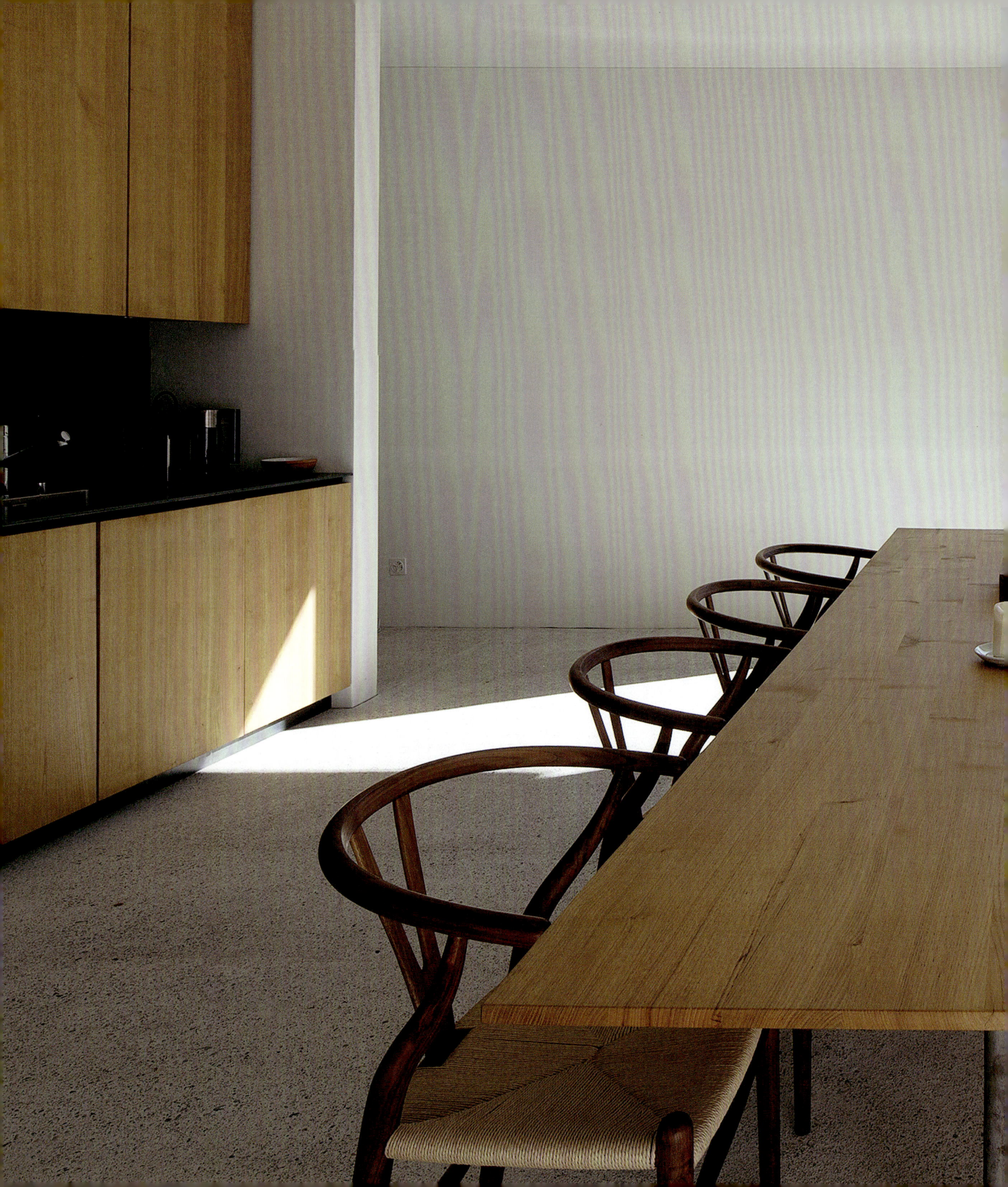

WEITERFÜHREN
— DER ALPINEN
BAUKULTUR

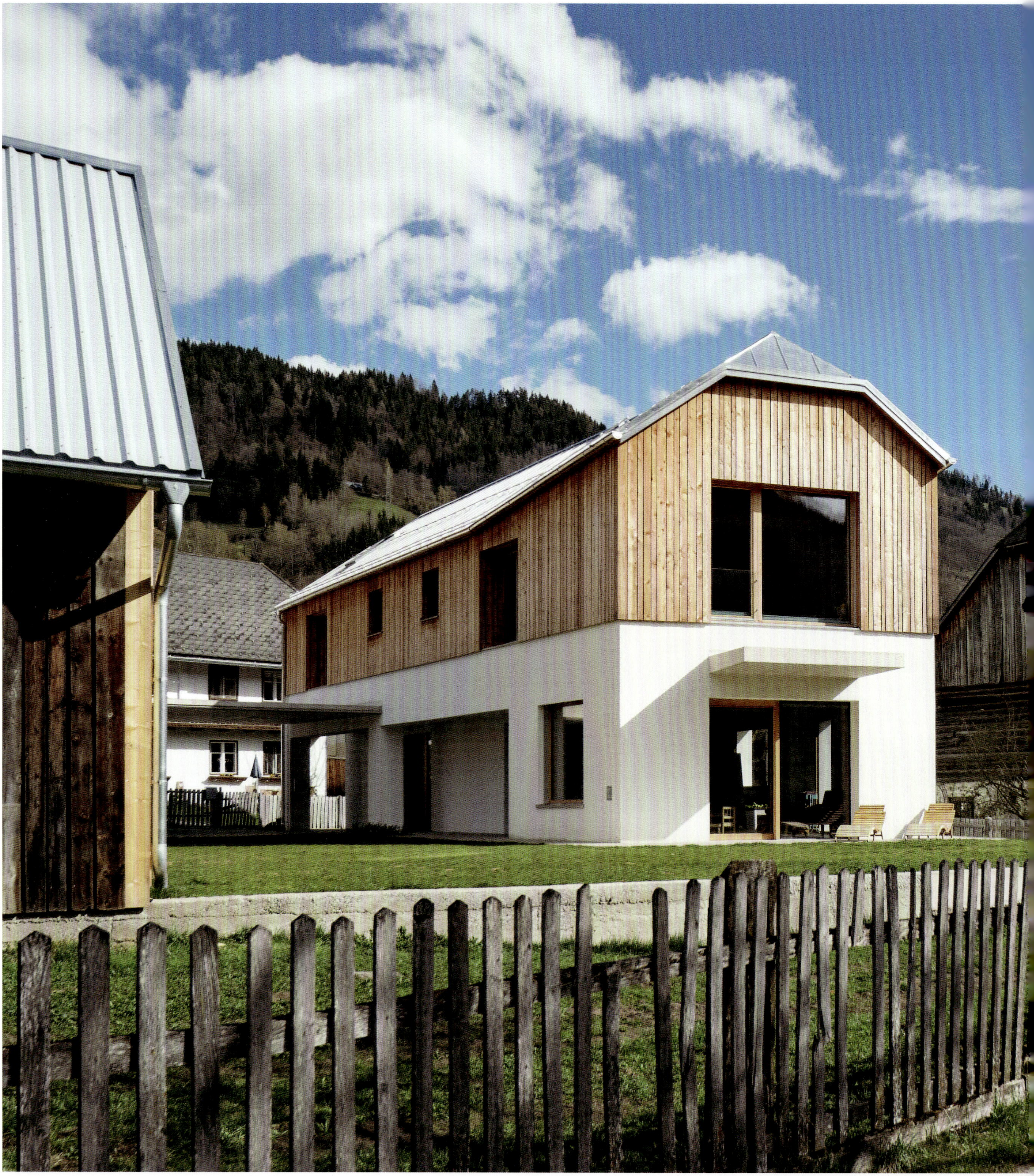

Das Haus gewinnt seine Eigenständigkeit durch die verschmitzten Krüppelwalme über den Giebelseiten. Die ansonsten betont schlicht gehaltene Architektur fügt sich harmonisch in die umgebende Bebauung.

HAUS

MICHAELERBERG-PRUGGERN (A)
— 2017

MIT ORT

So manches traditionelle Dorf wünscht sich derart frische Entwürfe für seine freien Parzellen. Hier fügt sich ein lebendiger Neubau mitten in eine ruhige Landgemeinde.

HAMMERSCHMID, PACHL,
SEEBACHER – ARCHITEKTEN,
SALZBURG (A)

Standort: Michaelerberg-Pruggern (A)
Baujahr: 2017
Bauweise: Massivbau
Wohnfläche: 171 m²
Grundstücksgröße: 639 m²
Anzahl der Bewohner: 5
Fotograf: Dietmar Hammerschmid

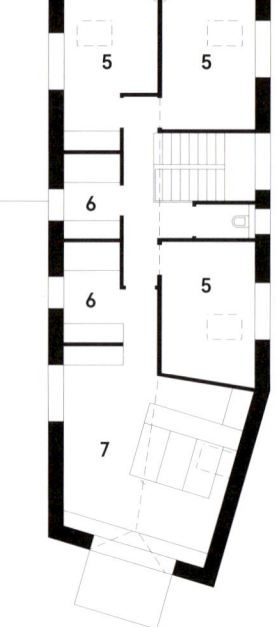

LEGENDE
1 Eingang / Garderobe
2 Wirtschaftsraum / Technik
3 Kochen / Essen / Wohnen
4 WC
5 Kinderzimmer
6 Bad
7 Elternschlafzimmer

OBERGESCHOSS

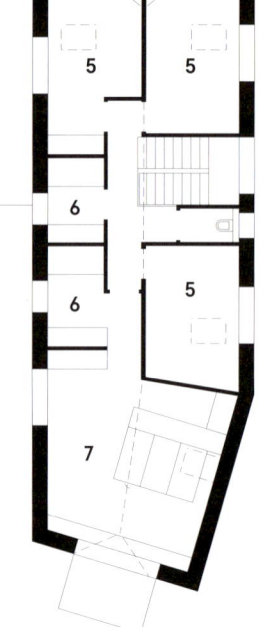

oben:
Fenster und Türen – hier in der Küche mit dem Essplatz – verzichten auf teilende Sprossen. Dies ist nicht nur günstig, sondern entspricht auch der modernen Wohnästhetik des Entwurfs.

unten:
Hinter dem Kamin mit seiner seitlichen Sitzbank ist der Knick in der Ostwand des Hauses zu erkennen. Die großen Fenster binden das ruhige Dorfleben mit ein.

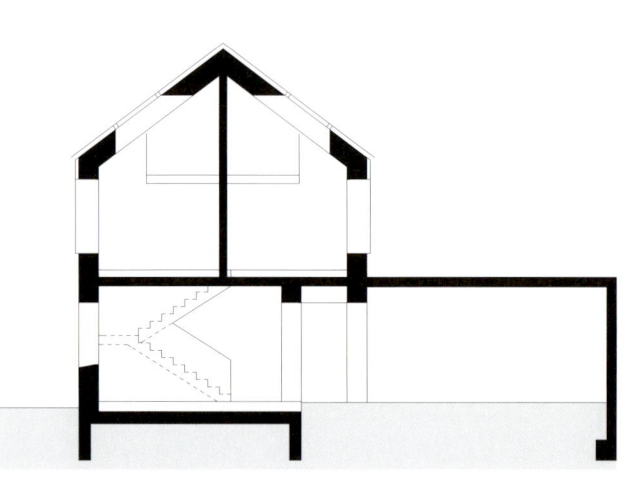

QUERSCHNITT

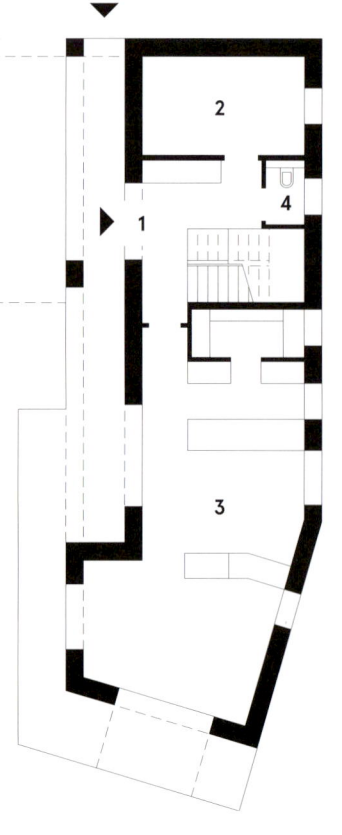

ERDGESCHOSS

Es ging darum, ein Haus für das Leben in der Mitte zu entwerfen: für ein schmales Grundstück im nördlichen Dorfkern von Pruggern, verdichtend zwischen Bauernhöfen, Scheunen sowie dem Netz aus Gassen und Zufahrten. Ebenso ging es auch um das Miteinander im Ort, den sowohl der Architekt als auch die Bauherren mit Nachbarn, Geschichten und Gebäuden von klein auf kannten. Die Bebauung erstreckt sich beiderseits der Enns, die sich in dezenten Windungen durch das lange Flusstal zwischen Altenmarkt und Admont zieht. Hier, anderthalb Autostunden südöstlich von Salzburg, mit Blick auf die Schladminger Tauern und den Galsterberg, wurde also das neue Familienhaus platziert, wobei es vor allem um ein sorgsames Einpassen in die wohlvertrauten und geschätzten Örtlichkeiten ging. Das Gartengrundstück mit Baumbestand erhielt eine dorfübliche Umzäunung, der Eingang sowie der im rechten Winkel an das Gebäude anschließende breite Carport wurden direkt an die Gemeindestraße gesetzt. Auf dem längsgerichteten Grundriss entstand ein Ziegelmassivbau, weiß verputzt mit vertikaler Holzverschalung im Obergeschoss. Aufgrund der klaren Gestaltsprache gelang es, das mit einem hohen Eigenleistungsanteil errichtete Haus auf eine vernünftige ökonomische Basis zu stellen. Die formale Eigenständigkeit des Entwurfs mit seinem charakteristischen Dach garantierte dabei eine hochwertige Bauästhetik.

Zu ihr gehört auch der integrierte überdachte Zugang entlang der Westseite des Erdgeschosses, der nach einigen Metern in das Haus führt. Da auf eine Unterkellerung verzichtet wurde, nimmt der rückwärtige Teil dieser Ebene – neben Eingang, Treppe und Gäste-WC – auch den Keller- und Technikraum auf. Aus demselben Grund erhielt auch die offene Küche im Süden eine Speisekammer. Auf Höhe des Esstisches macht die Ostwand des Gebäudes einen überraschenden Knick, der den anschließenden Wohnbereich sowie die gesamte Giebelseite des Hauses in Richtung Garten dreht. Das Obergeschoss, in dem sich die vier Schlafzimmer der Familie mit ihren zwei Bädern versammeln, nutzt auch das offene Dachvolumen. Hier werden nicht nur Raum und Licht ergänzt, es gibt auch noch Platz für die Installierung von Hochbetten und Spielgalerien.

oben:
Im Obergeschoss führt der offene Dachraum den Zimmern Licht und Luft zu. Hier das Elternschlafzimmer mit dem Blick auf die südlich ansteigende Berglandschaft.

links:
Die Innenarchitektur wird auf plausible Weise bestimmt durch die Baumaterialien: Betonestrich, weißer Putz und Holz.

Die Gartenseite ist nahezu exakt nach Süden ausgerichtet, das Haus profitiert von einem ebenen Geländeplateau in bergiger Landschaft.

TENNENGAU (A) — 2017

DOPPEL-
WOHNHAUS

Einfach ist es nicht, ein gutes Haus in eine
starke Landschaft zu setzen.
Noch schwieriger, eine überzeugende
Formgestalt dafür zu entwickeln.
Hier passt alles.

ATELIER WORTMEYER, SALZBURG (A)

Standort: Tennengau (A)
Baujahr: 2017
Bauweise: Massivholzelemente, Fichtenholzschalung
Wohnfläche: je 128 m² (+ Keller)
Grundstücksgröße: je 345 m²
Anzahl der Bewohner: 2 + 4
Fotograf: Volker Wortmeyer

Auf der Rückseite entlang der Zufahrt des Grundstücks wurden zwei seitlich offene Carports optimal integriert.

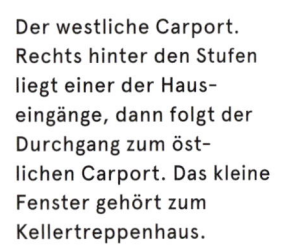

Der westliche Carport. Rechts hinter den Stufen liegt einer der Hauseingänge, dann folgt der Durchgang zum östlichen Carport. Das kleine Fenster gehört zum Kellertreppenhaus.

QUERSCHNITT

DOPPELWOHNHAUS — ATELIER WORTMEYER

Angesichts der subtil helltonigen Bilder könnte man meinen, ein wenig in den Wilden Westen versetzt zu sein: karge Berglandschaft, ein wunderbar unprätentiöses Holzhaus mit lang herabgezogenem Dach – im Stil des berühmten Saltbox-Typs. Doch befindet man sich im österreichischen Tennengau, unweit der malerischen Kulturmetropole Salzburg, und blickt auf ein nagelneues Doppelwohnhaus des Fotografen und Architekten Volker Wortmeyer. Das koordinierte Planen der zwei Bauherrenfamilien erlaubte sinnvolle Synergien. Dafür steht die äußere Kellertreppe, die zu den gemeinsamen Einrichtungen führt: dem Haustechnikraum und der Heizungsanlage, einer Grundwasserwärmepumpe. Das Gebäude besteht aus einem Betonkellergeschoss, darauf sitzen Massivholzelemente, ökologisch gedämmt und mit einer vertikal gesetzten Fichtenholzschalung verkleidet. Der dem Gebäude seine typisch tiefgezogene Form verleihende Carport-Riegel im Norden wurde als Holzständerbau konstruiert und erhält Oberlicht durch in der Dachhaut integrierte Acrylglasziegel. Die südorientierte Dachterrasse wurde unsichtbar in das über der Freiterrasse auskragende Dachvolumen integriert. Durch eine kluge, weil äußerst praktische Raumverteilung zeichnet sich die Innendisposition aus: Während es im Keller für das Familienleben unverzichtbare, großzügige Lager- und Hobbyräume gibt, gestaltet sich das Erdgeschoss auf der Gartenseite im rechten Winkel als durchgängige Alltagszone mit offener Küche, Essbereich und Sitzecke, wobei der durch den Carport gut geschützte Hauseingang mit Gäste-WC und Garderobe über eine große Schiebetür unmittelbar in die Familienküche einmündet. Dem Stellplatz des Fahrzeugs ist eine seitliche Abstellkammer beigeordnet – ideal für Gartengeräte, Fahrräder und Mülleimer. Das Dach beinhaltet drei Schlaf- respektive Kinderzimmer, eine Elterngarderobe sowie ein separiertes WC und ein helles Bad. Eine der Haushälften erhielt kleine Schlafgalerien in den Kinderzimmern, die sich aufgrund der beachtlichen Höhe des offenen Dachraumes unproblematisch einbauen ließen.

Die starke Formaussage der Architektur wird auf der Südseite besonders sichtbar. Hinter der schwarzen Dachfront liegt die Dachterrasse.

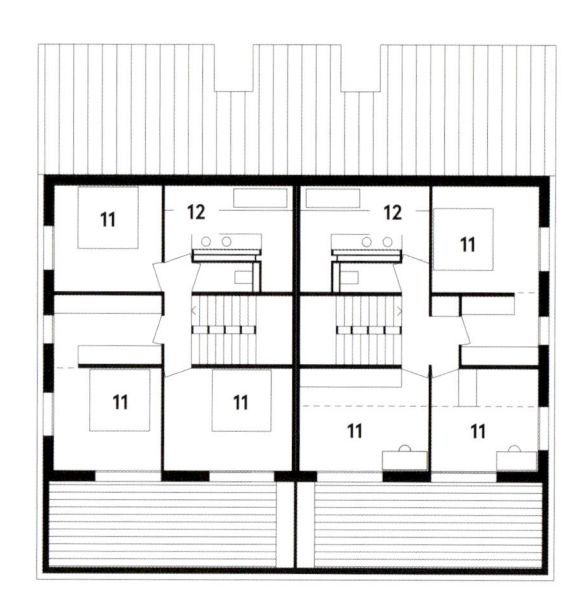

DACHGESCHOSS

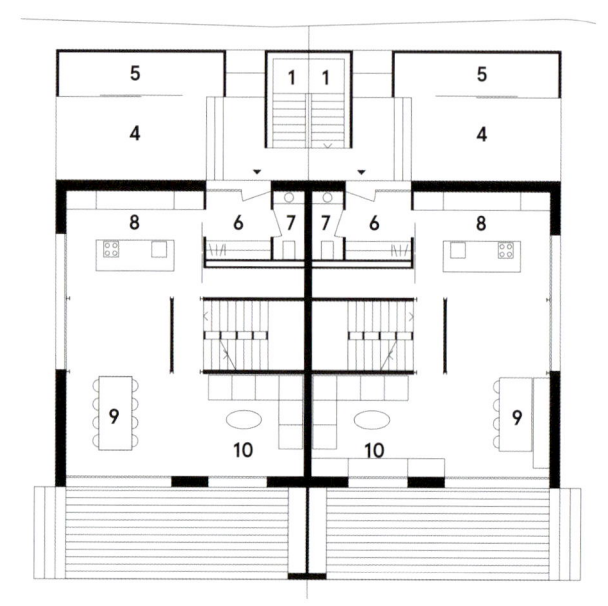

ERDGESCHOSS

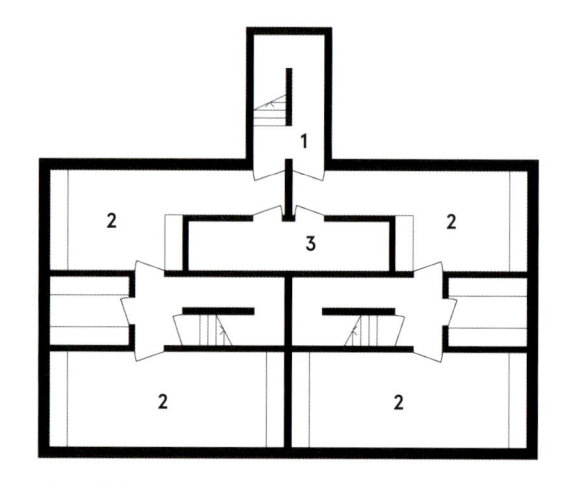

UNTERGESCHOSS

⊗ **LEGENDE**
1. Außentreppe
2. Kellerraum
3. Technik
4. Carport
5. Abstellraum
6. Eingang
7. WC
8. Kochen
9. Essen
10. Wohnen
11. Schlafen
12. Bad / WC

DOPPELWOHNHAUS — ATELIER WORTMEYER

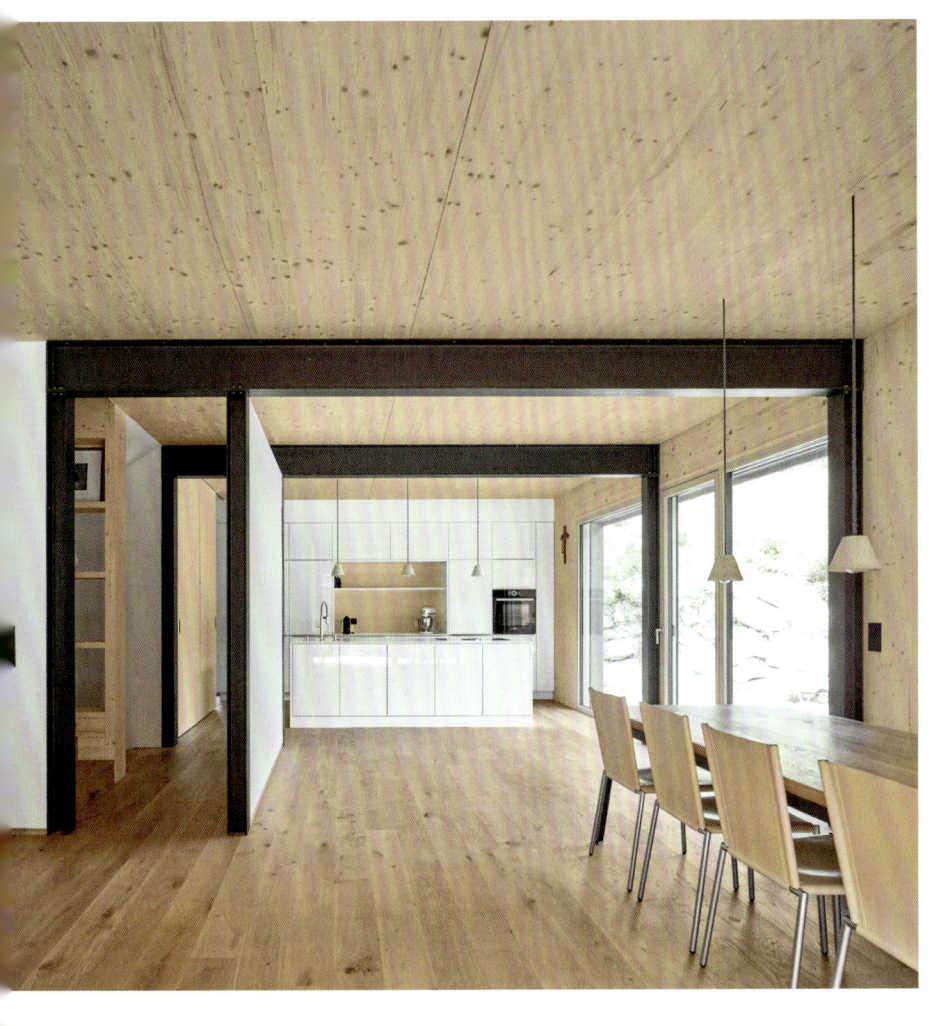

oben:
Im Wohnbereich wird das innere Tragwerk des Hauses betont sichtbar: Die Obergeschossdecke liegt auf dunklen Stahlträgern.

unten:
Das 2,70 m hohe Erdgeschoss wirkt durch die weiße Lasur der verbauten Massivholzelemente und Holzoberflächen modern und hell.

links oben:
Zum Passivhaussystem gehört, dass aus Bad und WC konstant Luft abgesaugt wird, während Nachtstromöffnungen in der Fassade Frischluft zuführen. Die Fenster können geschlossen bleiben.

links unten:
Ein Bibliotheksregal bildet die Trennscheibe des Treppenhauses. Unten sichtbar ist der Sichtbeton des Kellergeschosses.

rechts oben:
Im Obergeschoss können die Räume bis zu 4,50 m hoch werden.

Mit seinen markanten Giebeln und der erhöhten Position bietet diese Villa den umgebenden Gipfeln souverän Paroli.

HAUS ZWISCHEN DEN BERGEN

AUSSEERLAND (A) — 2017

Die mächtige Berglandschaft erfordert einen selbstbewussten Auftritt der Architektur. Diese Villa löst die Forderung ein: mit einer klaren Großform und hochwertigem Interieur.

Der Blick nach draußen, vom Kamin aus durch das Wohnzimmer. Wer möchte, kann rechts oder links auf einen seitlichen Altan hinaustreten.

Konfrontiert mit der schönen, aber sehr kühlen verschneiten Berglandschaft, gewinnt die angenehm beheizte und wohnliche Architektur eine besonders hohe Qualität.

Situiert in alpiner Topografie und abgebildet in tiefstem Schnee, zieht die Villa mit ihrem kreuzförmigen Grundriss und den in alle vier Himmelsrichtungen weisenden Aussichtsgiebeln die Aufmerksamkeit sofort auf sich. Prätentiös ist sie allerdings nicht – im Gegenteil. Ihren Gesamtton könnte man mit einem dezenten Grau beschreiben: So treten die partiell sichtbaren konstruktiven Elemente der Betonstruktur des Hauses im Keller- und Erdgeschoss auf, auch die Verkleidung mit vorvergrautem Holz folgt diesem Prinzip, ebenso die horizontal oder als Giebeleinpassung verbauten Stahlgeländer. Das Innere folgt der noblen Zurückhaltung mit einer Kombination aus Sichtbeton, Messing und weißlich lasierten Eichenholzoberflächen, in die Türen und Schränke eingebaut wurden. Die Zufahrt erfolgt über einen Vorhof, die Doppelgarage lässt sich zum Abstellbereich erweitern. Neben Lager und Technik integriert das in den Hang gesetzte Untergeschoss eine durch ein gemeinsames Bad klug mit dem Wellnessbereich samt Sauna verbundene Gästewohnung. Über einen schmalen Aufgang oder den Aufzug gelangt man in das Wohngeschoss, das auch über die Außentreppe erreichbar ist. Hier lässt sich die prägende Kreuzform sofort nachempfinden, sobald man aus dem rückwärtigen Entreebereich mit Garderobe in den fließenden Großraum eingetreten ist. Links liegen die Küche und das Esszimmer, rechts die Bibliothek mit ihrer prächtigen, messingfarben glänzenden Schiebetür, und geradeaus gleitet der Blick an der aufsteigenden Treppe durch das Wohnzimmer und die den gesamten Ostgiebel öffnenden Panoramascheiben in die Berglandschaft hinaus. Ein paar Schritte weiter befindet man sich in der zentralen Halle mit ihrem freistehenden Kaminblock. Von dort darf der Blick dann nach oben steigen – über die Galeriebrüstung bis in den Giebelraum. Wer die Treppe hinaufkommt, entdeckt, wie genial sich der Kreuzgrundriss auch unter den Satteldachflächen nutzen lässt: Aufzug und Bad im rückwärtigen Trakt, rechts zwei Schlafzimmer und links das große Studio. Den Ostteil erhielt das Hauptschlafzimmer mit eigenem Bad. Die beiden Giebel ermöglichen diesen Rückzugsräumen jeweils einen eigenen Balkon und so den unmittelbaren Genuss von Luft und Sicht.

GANGOLY & KRISTINER ARCHITEKTEN, GRAZ (A)

Standort: Ausseerland (A)
Baujahr: 2017
Bauweise: Massivbau
Wohnfläche: 310 m²
Grundstücksgröße: 1200 m²
Anzahl der Bewohner: 4
Fotograf: David Schreyer

Messing verleiht der Innenarchitektur repräsentatives Flair: an den Schiebetüren zur Bibliothek und unter der Treppe, wo sich die offene Küche clever einpasst.

Das Dachvolumen wird komplett für die Räume im Obergeschoss genutzt. Hier dominiert das dezent weiß lasierte Eichenholz.

LEGENDE
1. Garage
2. Gästewohnung
3. Wellness
4. Lager
5. Technik
6. Eingang
7. Kochen / Essen
8. Wohnen
9. Bibliothek
10. Arbeiten
11. Elternschlafzimmer
12. Kinderzimmer
13. Bad / WC / Ankleide
14. Luftraum

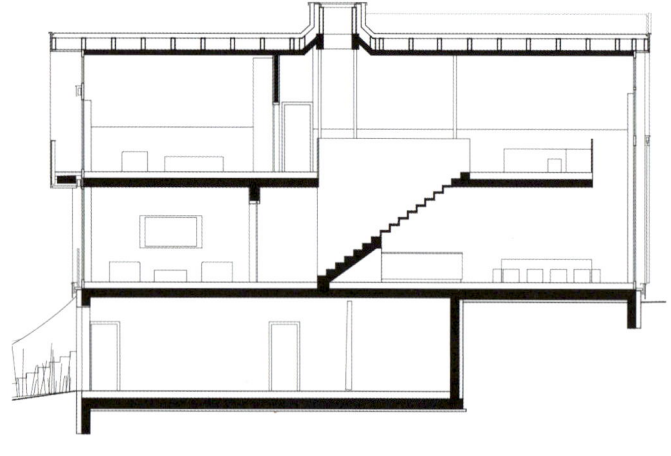

LÄNGSSCHNITT

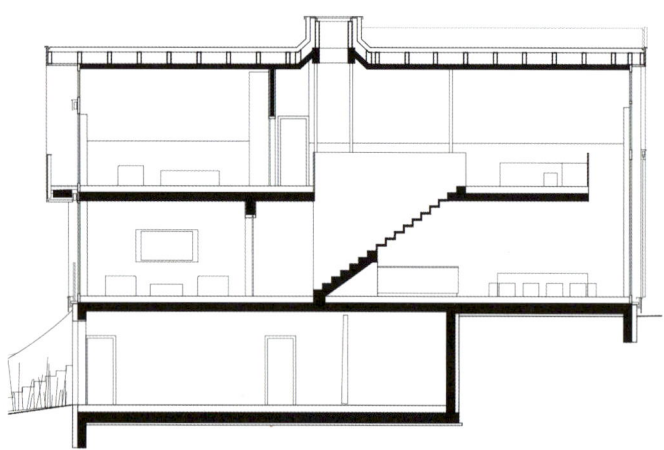

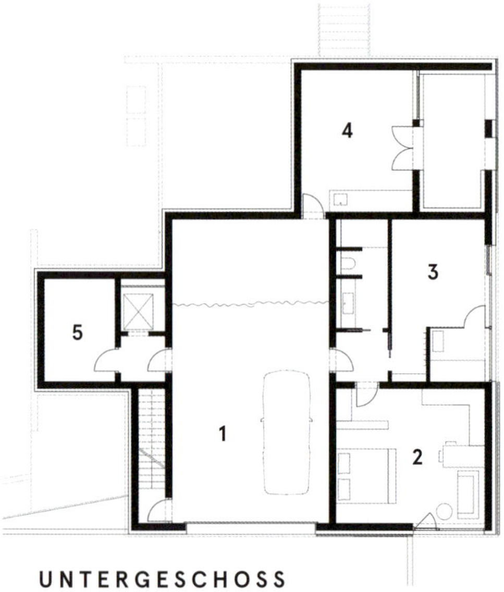

UNTERGESCHOSS

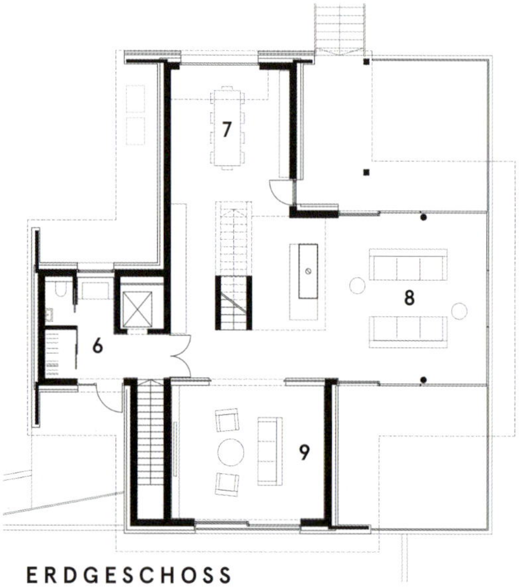

ERDGESCHOSS

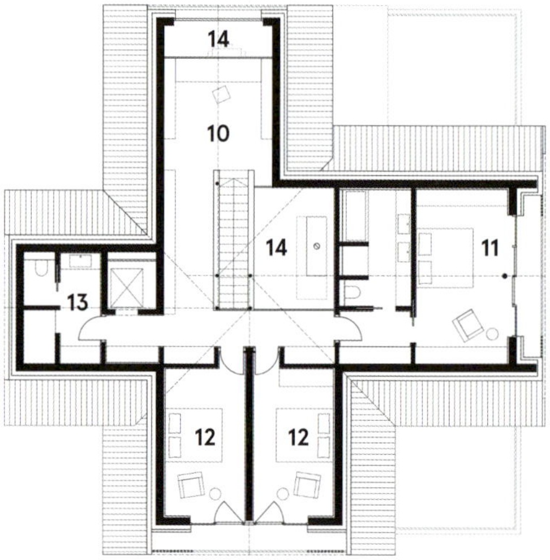

DACHGESCHOSS

Die Galerie umsäumt die zentrale Halle und wird durch ein Oberlicht erhellt. Über ihr laufen die Dachfirste asymmetrisch zusammen.

Zwischen Treppe und Kaminblock öffnet sich die mittig angeordnete kleine Halle. Im Hintergrund das nach Norden zum Hang hin ausgerichtete Esszimmer.

Panorama: Hinter dem weiten Flusstal entwickelt sich die Gebirgslandschaft vom First bis in die Schweizer Berge. Zum Hang hin tritt das Haus deutlich geschlossener auf als zum Tal. Das hölzerne Obergeschoss sitzt auf einer auskragenden Betonplatte.

DORNBIRN (A) — 2017

HAUS D.

Es liegt so leicht am Hang, als wolle es jeden Moment abheben und in das weite Tal hineinschweben: das langgestreckte, transparente Alpenhaus oberhalb von Dornbirn.

Die Talflanke des Hauses ist deutlich offener und wegen der vorgesetzten Garage sogar um zwei Geschosse höher als die Hangseite. Das Hauptschlafzimmer besitzt einen eigenen Giebelbalkon nach Norden.

DIETRICH | UNTERTRIFALLER
ARCHITEKTEN,
BREGENZ (A)

Standort: Dornbirn (A)
Baujahr: 2017
Bauweise: Betonbau / Holzbau
Wohnfläche: 270 m²
Grundstücksgröße: 1180 m²
Anzahl der Bewohner: 4
Fotograf: Bruno Klomfar

Am Wochenende haben die Dornbirner viele reizvolle Ziele in unmittelbarer Nähe: Sie können nach Norden schnell in die Nachbarstadt Bregenz an den Bodensee oder noch kürzer nach Westen an den Rhein, wo die Grenze zwischen Österreich und der Schweiz verläuft. Es geht nach Süden durch Liechtenstein in die Hochalpen oder einfach nach Osten – in Richtung Bregenzerwald hinauf ins Grüne. Dort liegt auf halber Höhe auch der Bauplatz, den sich die Bauherren ausgesucht hatten und der im Laufe mehrerer Jahre Planung in intensiver Auseinandersetzung mit dem eher steilen Gelände und den benachbarten Anrainern entwickelt wurde. Ergebnis war eine traufständige, also längs gerichtete Position zum Hang, eine den baulichen Kontext der umgebenden Häuser aufnehmende überkragende Satteldachdeckung sowie die Nutzung der unterhalb gelegenen Erschließung für ein tiefes Sockelgeschoss, in dem die Doppelgarage und der Eingangsflur samt Technikraum Aufnahme fanden. Dahinter zurückgesetzt folgt das in Stahlbeton ausgeführte Hanggeschoss, zu dem die einläufige Treppe hoch und weiter nach oben führt. Auf dieser Ebene sind ein Bad mit Sauna sowie drei Schlafzimmer platziert. Zu der durchdachten inneren Offenheit der Architektur gehört ein davor liegender Flur mit Schränken, der sich über die querliegende Treppenzone mit einem Freizeitraum zusammenfügt.

Diese Kommunikationsfläche verbindet sich wiederum mit dem Obergeschoss, das der Heraufsteigende als große, in den flachen offenen Dachraum hinein entwickelte Wohnebene erfährt. Schränke oder Bilder benötigt man hier nicht, weil überall klug platzierte Verstaumöglichkeiten eingebaut wurden – so entlang des Treppenaufgangs – und schöne Holzwände, vor allem aber die komplett verglaste Außenwand nach Süden und Westen mit ihrem Blick in die Rheinlandschaft keine weitere Ablenkung erfordern. Da sich die Küche gleichsam körperlich aufgliedert in eine lange Theke und einen attraktiven Wandschrankkasten, kann sich diese Wohnhalle nahezu ungestört entfalten. Hinter dem Treppenaufgang liegen ein weiteres Bad und das Elternschlafzimmer, das von einer nicht einsehbaren großen Fensterfront zum Tal hin sowie einem eigenen Balkon profitiert.

oben:
Der Südbalkon ragt in die Wiese mit ihren alten Birnbäumen hinein. Dank der durchsichtigen Glasbrüstung scheint man auf einer schwebenden Plattform zu sitzen.

Am Nordende des großen Wohnraums liegt – hinter dem Sitzbereich – die Treppe nach unten. Ihre Rückwand in Sichtbeton dient der statischen Stabilisierung des Holzaufbaus.

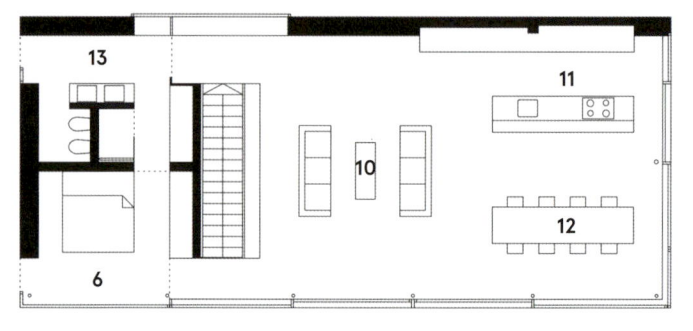

⊗ LEGENDE

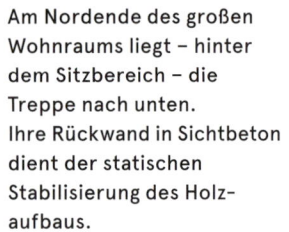

1. Garage
2. Eingangsbereich
3. Technik
4. Zugang über Sockelgeschoss
5. Medienraum
6. Schlafen
7. Hauswirtschaft
8. Flur
9. Bad / Sauna
10. Wohnen
11. Kochen
12. Essen
13. Bad
14. WC

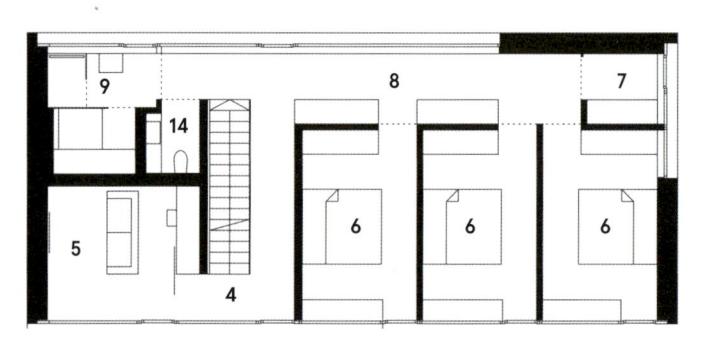

OBERGESCHOSS

HANGGESCHOSS

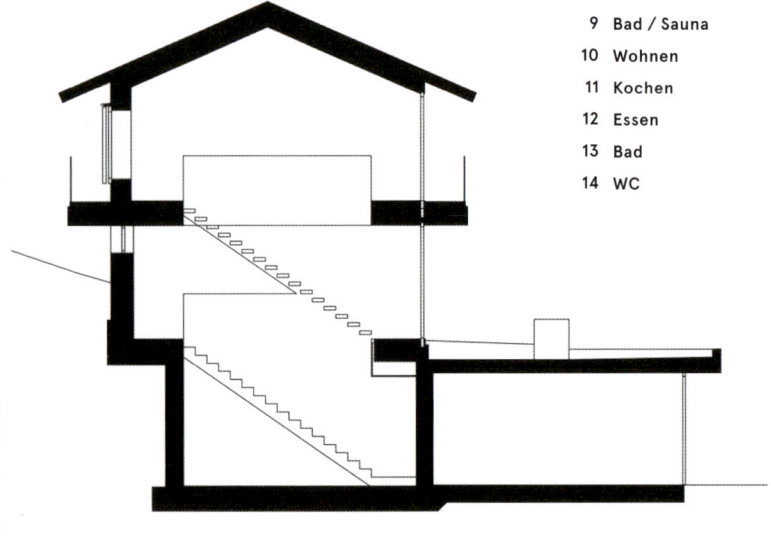

QUERSCHNITT

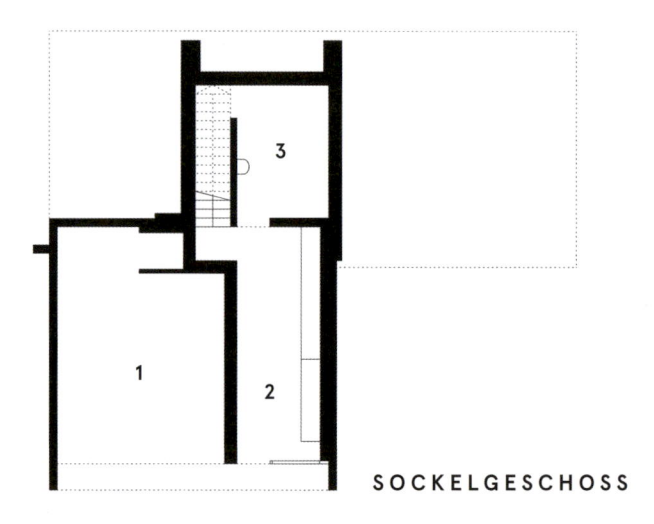

SOCKELGESCHOSS

oben: Intelligente Lösung: Ein an die hangseitige Wand gehängtes Kastenelement integriert den metallverkleideten Kamin und das Küchenregal. Dadurch löst sich die Küche baulich auf, was den angenehmen Raumfluss unterstützt.
unten: In der großen, vom unteren Schlafgeschoss über die Treppe erreichbaren Wohnhalle wurde ein Eichenholzboden verlegt, die Dachflächen erhielten innen eine Weißtannenverschalung.

Bergseitig zeigt sich der Betonunterbau des Hauses. Über der Eingangstür erzeugt ein kleiner Erker einen schützenden Überstand.

CASA DA NOI

NATERS, WALLIS (CH) — 2015

Wer daran zweifelt, dass man traditionelle Formen der Baukultur bewahren und gleichzeitig zu aktueller Architektur weiterentwickeln kann, der möge sich dieses Haus einmal genauer betrachten.

CASA DA NOI — ANDREAS FUHRIMANN GABRIELLE HÄCHLER ARCHITEKTEN

LEGENDE
1 Garage
2 Entree
3 Wellness
4 Waschen
5 Technik
6 Essen / Kochen
7 Wohnen
8 Halle
9 Schlafen
10 Bad / WC
11 Dachraum

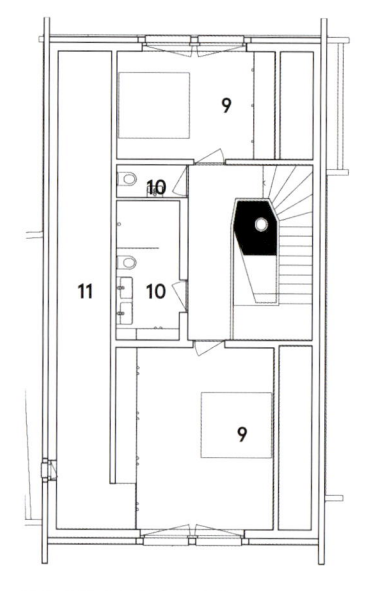

DACHGESCHOSS

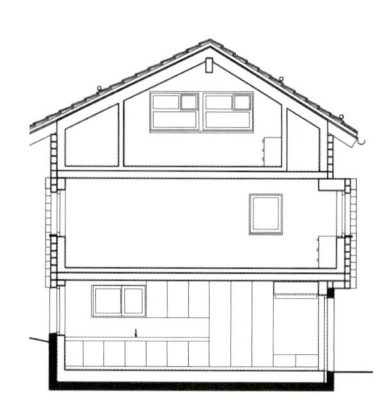

QUERSCHNITT

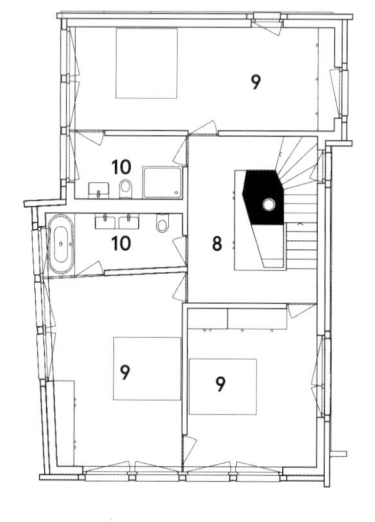

OBERGESCHOSS

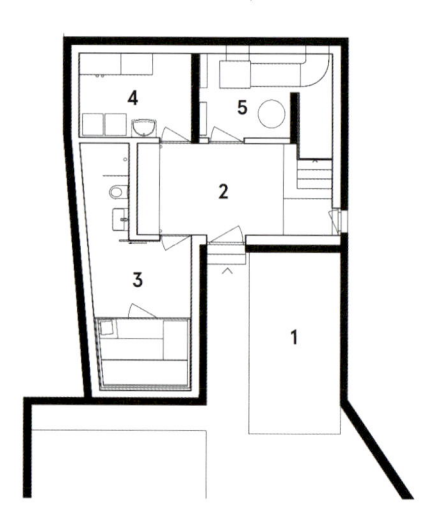

UNTERGESCHOSS

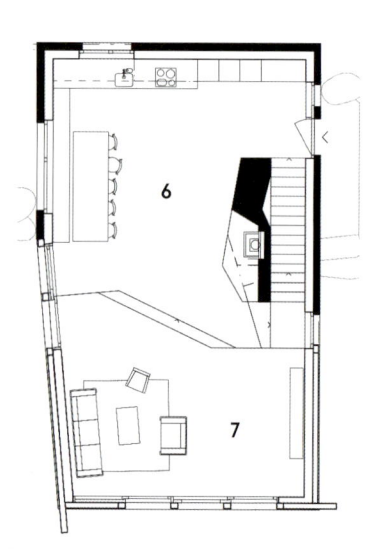

ERDGESCHOSS

links:
Der dominante Sicht-
betonkamin im Kern des
Gebäudes steigt im
Luftraum der Galerie auf
und verbindet sich
auf Dachhöhe mit einem
Oberlicht.

rechts:
Der Entwurf kombiniert
minimalistische Reduktion
mit traditionell prak-
tischen Details: hier das
schlichte Nordseiten-
Schlafzimmer, im Hinter-
grund zwei der Ge-
schossfenster mit ihren
typischen kleinen Lüf-
tungsflügeln.

ANDREAS FUHRIMANN GABRIELLE
HÄCHLER ARCHITEKTEN,
ZÜRICH (CH)

Standort: Naters, Wallis (CH)
Baujahr: 2015
Bauweise: Holz-Blockbau,
kombiniert mit Fertigelementen
Wohnfläche: 380 m²
Grundstücksgröße: 2280 m²
Anzahl der Bewohner: 5
Fotograf: Valentin Jeck

links:
Im Erdgeschoss fließt
der Raum großzügig:
von der blauen Koch-
und Esszone um den
offenen Kamin herum.
Die Oberflächen
bildet eine markant
gemaserte Schicht
aus Sperrholz.

Das Haus steht auf einem kleinen
Gartenplateau. Im Giebel zur Talseite
verteilen sich in den beiden
oberen Geschossen die Fenster der
Schlafzimmer.

Wer in einer heterogenen und dynamischen modernen Stadt lebt, der legt besonderen Wert auf das Typische und ruhig Traditionelle, sobald er sich seinen Urlaubsort aussucht. Geht es um den Bau eines Ferienhauses, dann ergibt sich aus diesem widersprüchlichen Miteinander mitunter eine anspruchsvolle Aufgabenstellung für die Architekten. Nicht umsonst beauftragte die Bauherrin in diesem Fall mit dem fulminanten Zürcher Büro Fuhrimann Hächler deshalb Könner im klugen Spiel mit den Elementen der Baukunst. Und so entstand in Gestalt der *Casa da Noi* ein alpines Holzhaus in charakteristischer, regional stimmiger Großform, das sich mit seinem archetypisch auftretenden Gehäuse in konsequenter Blockbauweise und dem flachen, steingedeckten Satteldach angemessen in die Baukultur um den kleinen Ort Brig im Wallis einpasst – zudem befolgte man die lokalen baugesetzlichen Vorgaben. Gleichzeitig aber ragt der Entwurf aus der Vielzahl der alten und neueren Bauten im Alpenraum heraus, indem er auf kunstvoll selbstverständliche Weise die bewährte Pragmatik des alpinen Wohnens mit den Ansprüchen des 21. Jahrhunderts verbindet. Bereits Zahl und Dimensionierung der Fenster signalisieren die zeitgemäße Sehnsucht nach hellem Interieur und Ausblick, gleiches gilt für die diskrete Integration der Tiefgarage sowie deren schlüssige Anbindung an den betonierten Keller. Jener setzt sich als hangseitig stützender Bauteil rückwärtig in das Erdgeschoss und den Eingangsbereich des Hauses fort. Formale Spannung erzeugen dem romantisierenden Bauvokabular zuzuordnende Motive wie die Erker oder das steinerne Sockelgeschoss auf der Rückseite. Dazu gehört auch der massive Kaminkern - hier aus Sichtbeton –, um den die Treppe nach oben kurvt. Er verortet das Feriendomizil auf dem Bergmassiv, gestaltet den Luftraum der Galerie und bildet den atmosphärischen Mittelpunkt des großzügigen Wohn-Ess-Geschosses. Um die Bauherrenfamilie aus fünf Personen samt ihren Gästen auch in der Nacht gut unterzubringen, verteilen sich auf den oberen Stockwerken fünf Schlafzimmer mit drei Bädern.

Das Hanggrundstück wird von oben erschlossen. Der seitlich platzierte Anbau erzeugt eine dezente Abschirmung der Familienterrasse.

CRN HOUSE

VOLLÈGES, WALLIS (CH)
— 2015

Mit Wissen und Einfühlungsvermögen kann es gelingen, die regionale Formensprache mit einem zeitgemäß funktionalen und hellen Familienhauskonzept zu harmonisieren — wie hier in Vollèges.

Trotz seines Landhaus-
stils ist das Haus
lichtdurchflutet. Dies
unterstützt auch
der doppelstöckige
Wohnbereich.

Das Haus liegt auf einem locker bebauten Wiesenhang in Idealausrichtung nach Südwesten.

ALP'ARCHITECTURE,
LE CHÂBLE (CH)

Standort: Vollèges, Wallis (CH)
Baujahr: 2015
Bauweise: Massivbau und Holzkonstruktion
Wohnfläche: 140 m²
Grundstücksgröße: 797 m²
Anzahl der Bewohner: 4
Fotograf: Christophe Voisin

Die sprossenlosen Fenster dürfen gerne groß sein. Anders als bei den ursprünglichen Häusern der Region suchen heutige Wohnkonzepte nach Sichtkontakt mit der Landschaft.

Wenn man sich die bescheidenen Dimensionen dieses Familiendomizils anschaut, dann würden einige ihm vermutlich die Qualifikation als Traumhaus absprechen. Genauere Inspektion allerdings belegt das Gegenteil: Mit ihm wurden nicht nur die so wohlbekannten Träume vom eigenen Haus Wirklichkeit – und dies nicht unmaßgeblich aufgrund der Fähigkeit der Architekten von Alp'Architecture, für Planung und Ausführung eine besondere ökonomische Selbstbeschränkung walten zu lassen. Darüber hinaus erhielt es einen überaus klugen Grundriss, der alle Funktionen auf kleiner Fläche und mit optimiertem Effekt zusammenbindet. Die örtlichen Bauvorschriften im Wallis verlangten eine regionaltypische Gestaltung mit einer anteilig ausgewogenen Stein- und Holzbauweise. Das Haus entstand folglich mit alpentauglich flachem, überkragendem Satteldach, einem Holzobergeschoss sowie einem gemauerten Unterbau, dessen schwarzer Putz sowohl ein optisches Charakteristikum als auch einen frischen Kontrast zum hellrötlichen Lärchenholz erzeugt. Im Inneren spielt die pragmatische Vernunft mit dem Luxus, den vor allem die besondere Lage mit herrlichem Alpenblick ermöglicht.

Die Bewohner genießen den dramatischen Blick auf den zum Mont-Blanc-Massiv gehörenden Le Catogne und die Tallandschaft von Bagnes und Entremont.

Wer auf der Galerie eigentlich lesen oder sogar arbeiten möchte, wird vermutlich bald durch den Ausblick abgelenkt.

LEGENDE

1. Garage
2. Technik
3. Eingang
4. Bad
5. Büro / Gast
6. Essen
7. Kochen
8. Wohnen
9. Schlafen
10. Kinderzimmer
11. Galerie
12. Luftraum

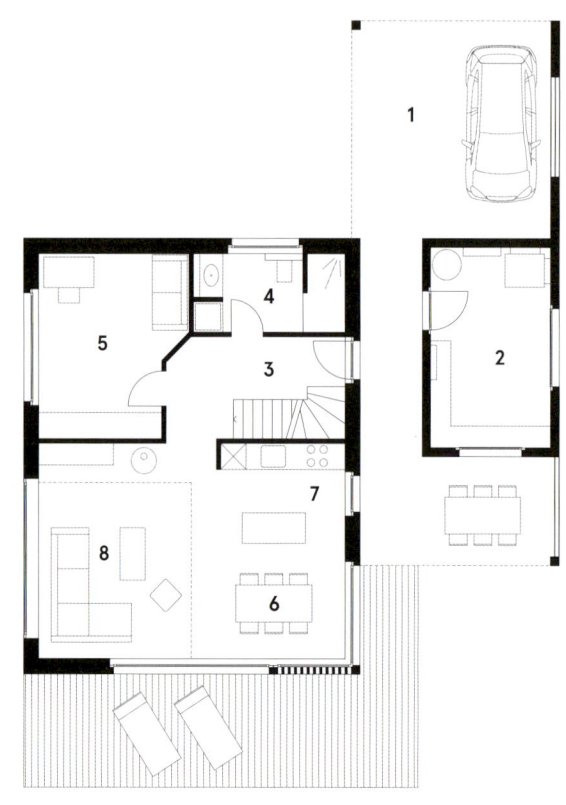

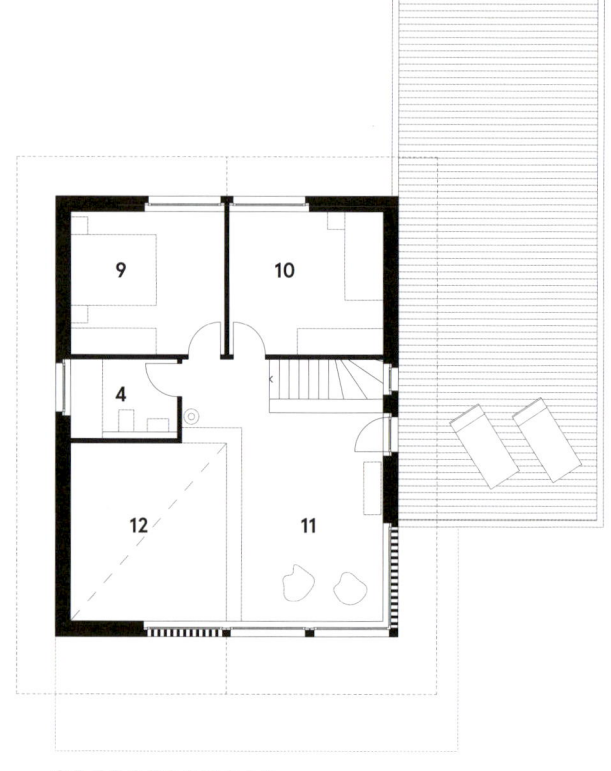

ERDGESCHOSS

OBERGESCHOSS

CRN HOUSE — ALP'ARCHITECTURE

rechts:
Im Inneren wechseln sich Holzoberflächen mit weißem Putz ab. Dies bringt unter anderem mehr Helligkeit bei künstlichem Licht.

unten:
Die schwarze Ecke der Küche greift den dunklen Sockel des Hauses auf. Für die Verkleidung des Küchenblocks wurde eine besonders ausdrucksstarke Maserung gewählt.

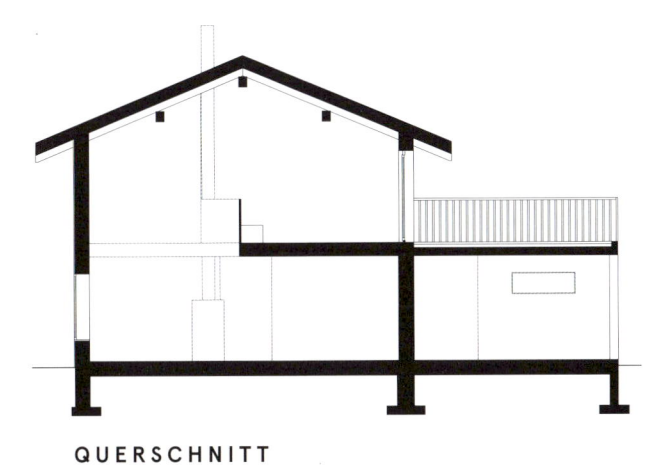

QUERSCHNITT

Das Obergeschoss beinhaltet im Norden kleine Eltern- und Kinderschlafzimmer mit Bad und bietet talseitig eine Galerie zum Entspannen und Spielen. Von ihr aus lässt sich die große Dachterrasse auf dem Anbau betreten, die bei gutem Wetter morgens und mittags Sonne satt bietet. Darunter sitzen Carport und Technikraum. Letzterer nimmt Heizung, Waschküche sowie Abstellkammer auf und ersparte den Bauherren einen teuren Kelleraushub. Seine Dachterrasse erzeugt zudem eine überaus praktische Überdachung der gesamten Ostseite, schützt den Zugang des Hauses sowie einen Freisitz mit dem von der Küche aus direkt zugänglichen Außen-Esstisch effektiv vor Wind. Im rückwärtigen Teil des Erdgeschosses liegen Eingang, Gästebad und Arbeits- respektive Gästezimmer. Dies erlaubte es, den besten Raum auf der Ausblickseite im Süden zu sichern: für die Sitzecke in der Wohnhalle, die offene Küche und den wichtigen Esstisch.

Der Baukörper wurde wegen theoretischer Steinschlaggefahr hangseitig massiv und geschlossen ausgebildet. Markant zeigt sich der Kamin.

WOHN-HAUS IN SOGLIO

SOGLIO (CH) — 2014

Wie ein kleiner orthogonaler Fels steht es wohlproportioniert in der Alpenszenerie, das kleine Betonhaus — passend zum Ort und seiner althergebrachten Bauweise.

WOHNHAUS IN SOGLIO — RUCH & PARTNER ARCHITEKTEN

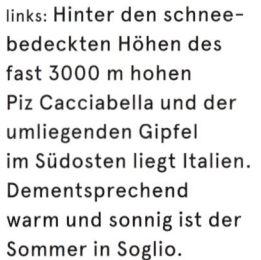

links: Hinter den schneebedeckten Höhen des fast 3000 m hohen Piz Cacciabella und der umliegenden Gipfel im Südosten liegt Italien. Dementsprechend warm und sonnig ist der Sommer in Soglio.

rechts: Der Reiz eines derart geschlossenen Baukörpers ist der kontrollierte Effekt, den der Ausblick durch die Fensteröffnungen in die weite Gebirgslandschaft erzeugt.

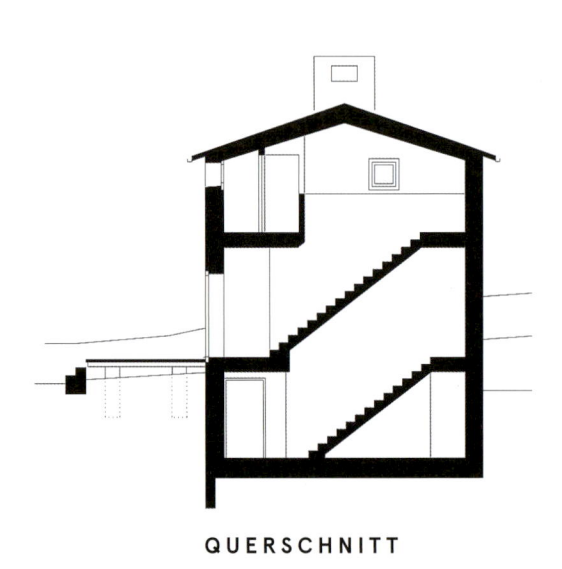

QUERSCHNITT

Es scheint so, als wolle das adrette Landhaus am Westrand des Graubündner Städtchens Soglio davon künden, wie gut sich der Baustoff der Moderne, der Beton, auch für die Alpenlandschaft des Bergell eignet. Und auch, wie passend er sich in die althergebrachte dörfliche Bebauung einfügen lässt. Da die Planer zu den mit traditioneller Architektur sehr erfahrenen Büros gehören, wussten sie, was sie dem Bauherrn vorschlugen, und dieser ging darauf ein. Entwurfsführende Leitlinien waren einerseits die Tatsache, dass man exakt auf dem Platz einer ehemaligen Schreinerei zu bauen hatte, andererseits der Kontext: Wie die Bauernhäuser in Ort und Region zeigen, baut man massiv in Stein, verputzt oder kompakt in Holz mit schweren Bohlen. Der mit dem Giebel und seinem leicht wirkenden flachen Satteldach zum Tal hin orientierte Neubau wirkt fast skulptural monolithisch. Sein Auftritt ist geprägt durch das Baumaterial, ein innen gedämmter Sichtbeton. Durch Zugabe von Weißzement in hellbeiger Färbung nimmt er die Tönung des für die Gegend typischen Außenputzes auf.

Die Szenerie ist zweifelsohne malerisch: verschneites Gebirge und eine milde Sommerlandschaft mit Kirchturm und alten Bauernhäusern.

RUCH & PARTNER ARCHITEKTEN, ST. MORITZ (CH)

Standort: Soglio (CH)
Baujahr: 2014
Bauweise: Massivbau
Wohnfläche: 185 m²
Grundstücksgröße: 1002 m²
Anzahl der Bewohner: 4
Fotograf: Filippo Simonetti

LEGENDE
1. Eingang
2. Bad
3. Zimmer
4. Technik
5. Waschen
6. Kochen / Essen
7. Wohnen
8. Korridor
9. WC

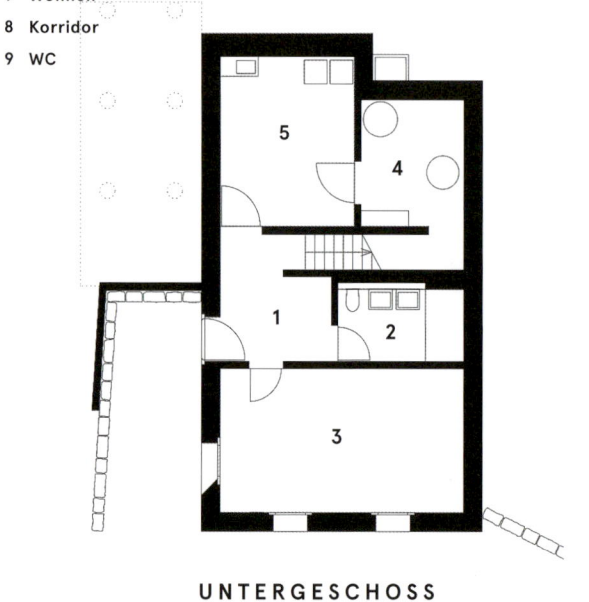

Durch seine farbliche und haptische Nähe zum anstehenden Fels sowie den verputzten Häusern der Gegend fügt sich der Sichtbeton trotz seiner Modernität harmonisch ein.

UNTERGESCHOSS 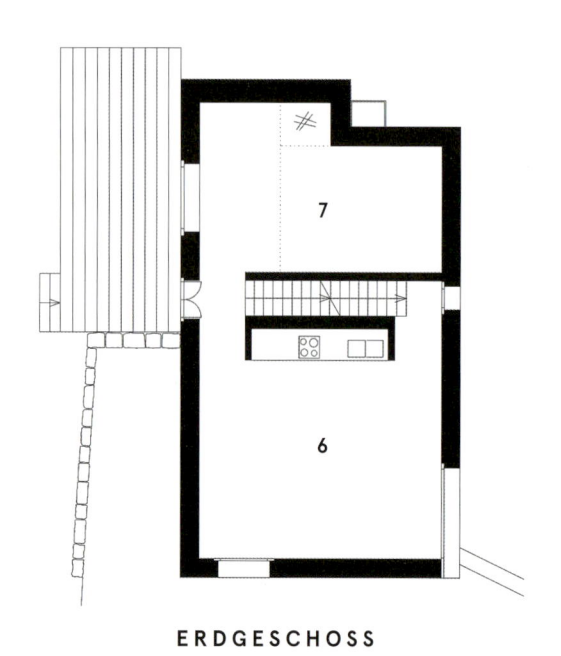 — ERDGESCHOSS 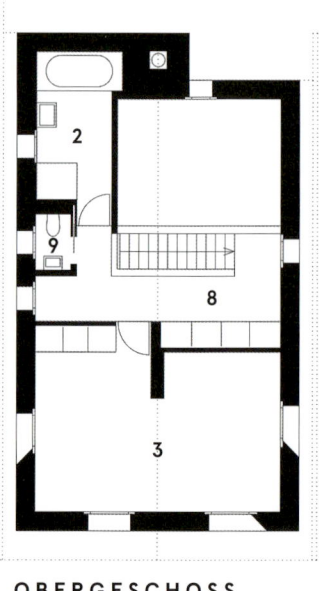 — OBERGESCHOSS

oben links: Die mittig platzierte einläufige Treppe erschließt das Haus. Ihre kräftigen Brüstungen entsprechen dessen massiver Bauweise.
oben rechts und unten: Die Innenräume, hier die Wohnhalle mit dem Kamin, holen mit ihrem hellen Anstrich Licht herein.

Die tief eingeschnittenen und scheinbar verspielt verteilten unterschiedlich großen Fenster sitzen an präzise bestimmten Positionen und reagieren auf die innere Raumordnung. Wer unten eintritt, passiert ein Schlafzimmer mit Bad sowie Waschküche und Technikraum. Dann erreicht er ein Stockwerk höher den hausbreiten Küchen- und Essraum, der ein spezielles Fenster für den Blick auf Ort und Kirche erhielt. Das oberste Geschoss, dessen Volumen bis unter den Dachfirst reicht, verfügt über ein großes Schlafzimmer sowie ein zweites Bad. Für Überraschung sorgt die Galerie, von der aus man in die unerwartet großzügig geschnittene Wohnhalle herunterblickt. Sie nimmt den nördlichen Teil der mittleren Ebene ein und verfügt über einen großen Kamin. Ihre Öffnung mit Ausblickfenster und hölzerner Doppeltür folgt der Abendsonne und erschließt die Westterrasse, die zum Hang hin durch den unverzichtbaren Feuerholzstapel Sichtschutz erhält. Und wer Zeit für einen Ausflug hat: Wenige Serpentinen tiefer ist man bereits auf der berühmten Talverbindung entlang des Flüsschens Mera – von St. Moritz im Nordosten zum Comer See im Südwesten.

Das langgestreckte Haus richtet seine Blickachse exakt aus: auf das Panorama des Wilden Kaiser.

APFELDORF,
ST. JOHANN IN TIROL (A) — 2014

HAUS °F

Wenn die Natur ein großartiges Ambiente anbietet, dann darf die Architektur nicht zögern, ebenso aufzutrumpfen — mit Funktionalität, Kontext, Eleganz.

**HK HASENAUER & KOGLER ARCHITEKTUR,
ST. JOHANN IN TIROL (A)**

Standort: Apfeldorf,
St. Johann in Tirol (A)
Baujahr: 2014
Bauweise: Massivbau
Wohnfläche: 206 m²
Grundstücksgröße: 437 m²
Anzahl der Bewohner: 3
Fotograf: Thomas Plattner

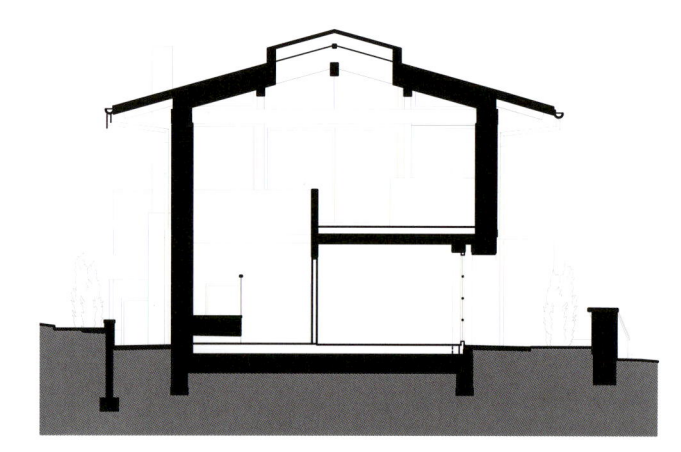

QUERSCHNITT

⊗ **LEGENDE**
1 Garage
2 Garderobe
3 Weinkeller
4 Eingang
5 Zimmer
6 Dusche / WC
7 Technik
8 Wellness
9 Kochen
10 Essen / Wohnen
11 Gäste-WC
12 Bad
13 Hochterrasse

Der große Wohnraum erstreckt sich vom Treppenaufgang und von der offenen Küche mit Theke über den Esstisch bis hin zum Kamin und zur Panoramaterrasse.

Eine elegante Treppe führt vom Hauseingang in das oben liegende Wohngeschoss.

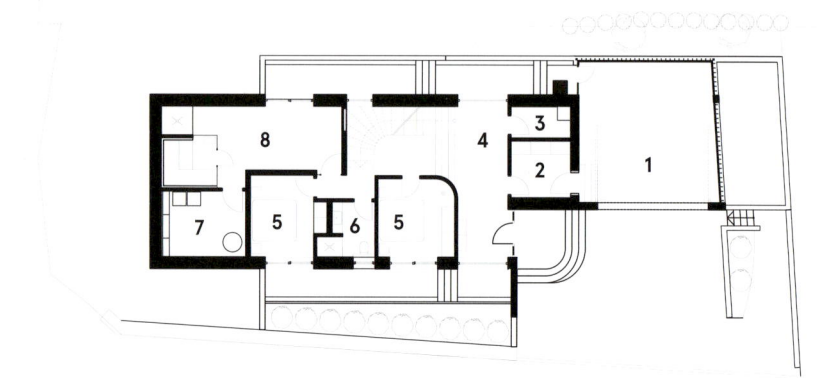

ERDGESCHOSS

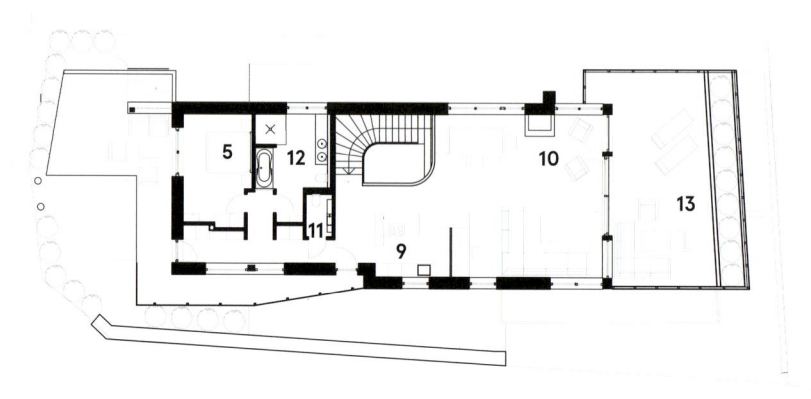

OBERGESCHOSS

Schon die Adresse Apfeldorf stimmt auf die paradiesische Lage ein. Immerhin befindet sich dieses Anwesen mit seinem Hausberg, dem Kitzbüheler Horn, in einer berühmten Topografie. Es blickt auch noch direkt auf das Gebirgsmassiv des Wilden Kaiser, dort wo Tirol sich bis auf 2344 Meter streckt. Schnell geht es von hier aus über die Landstraße im weiten Talkessel nach St. Johann, nach Kitzbühel oder Kufstein.

Anders als in früheren Jahrhunderten öffnen heutige Alpenhäuser ihren Giebel gern durch großflächige Glasfenster – mit gutem Grund.

Die schmale, im leicht ansteigenden Gelände liegende Parzelle wurde ökonomisch genutzt. Den unteren Teil nimmt, das Gesamtgebäude optisch wie statisch stützend, die Doppelgarage mit weit überkragendem Vordach ein, das bei Regen oder Schnee eine praktische Trockenzone vor dem Eingang erzeugt. Die Holztür öffnet sich in ein wohlproportioniertes Foyer, von dem aus eine elegant geschwungene Treppe Bewohner wie Gäste in die Hauptetage nach oben bewegt. Einmal 90° nach links und dann wieder 180° zurück und man steht in der Sichtachse, die einen magisch durch die luftige Etage mit ihrem offenen, flachen Holzdachstuhl zieht. Vorbei an der Küchentheke, vorbei am Esstisch mit der einladenden Eckbank, direkt in den Sessel neben den Kamin – oder noch besser: direkt auf die große Hochterrasse. Sie ist bei passabler Witterung ausgestattet mit Sitzgruppe und Lehnstühlen und erlaubt den reinen Genuss: diskret hinter der Holzbrüstung zu ruhen, ausgestattet mit Tiroler Luft und Alpenblick. Obwohl das Gebäude zum größten Teil in massivem Hohlziegelmauerwerk ausgeführt wurde, gelang den Architekten der Eindruck einer auf traditioneller Holzbauweise basierenden Leichtigkeit. Zu verdanken ist dies sowohl dem langgezogenen Satteldach, vor allem aber der Holzbrüstung, die sich vom Balkon aus über die gesamte Flanke des Obergeschosses zieht. Sie läuft auf dem kleinen Gartenzipfel des Grundstücks im Süden aus, wo sich ein weiterer Sitzplatz befindet. Er ordnet sich dem oberen, großzügig mit Bad und Garderobenschränken versorgten Hauptschlafzimmer zu. Im Untergeschoss ergänzen dieses zwei zusätzliche Schlafzimmer mit Bad sowie ein Wellnessbereich mit Sauna. Für den Abend am Kamin hält ein darüber hinaus eingerichteter kleiner Weinkeller das Getränk auf angemessener Temperatur.

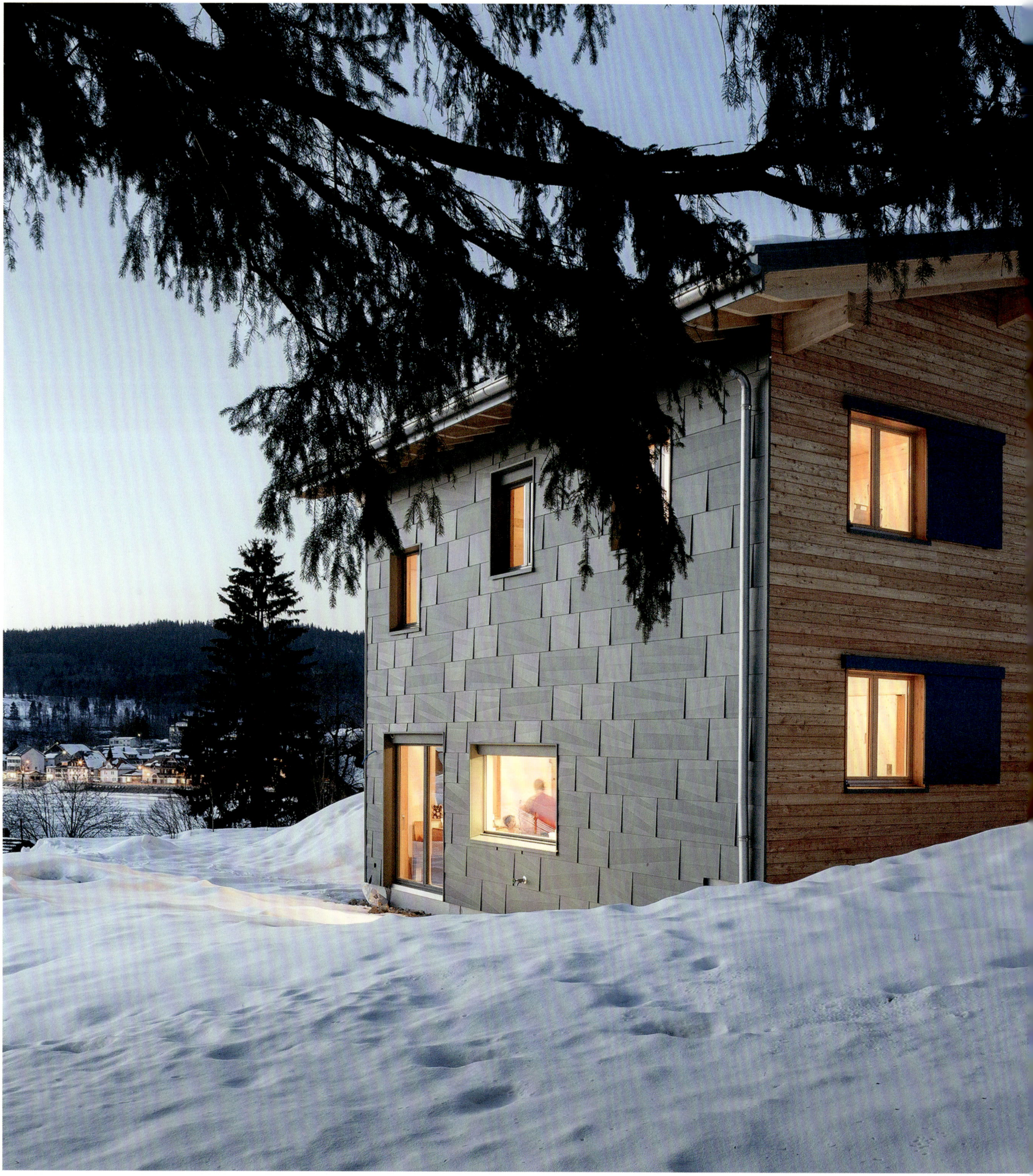

CABANE

LE PONT, VAUD (CH) — 2014

R.

Mit Können, Fantasie und Mut
zur Freiheit entstand
ein inspiriertes Raumgefüge.
Selbst im traditionellen
Außenauftritt des kleinen Familiendomizils verbergen
sich raffinierte Eigenwilligkeiten.

Während die Außenwandung an drei Seiten in horizontaler Lärchenholzlattung ausgeführt wurde, wählten die Architekten auf der süd-westlichen Wetterseite große Alu-Schindeln.

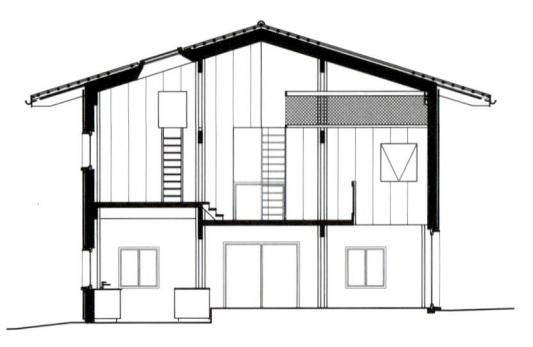

QUERSCHNITT

OBERGESCHOSS

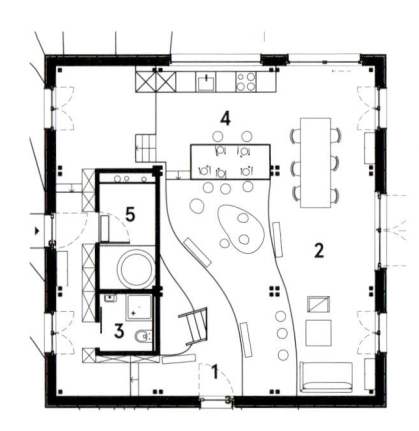

ERDGESCHOSS

LEGENDE
1. Eingang
2. Wohnen / Essen
3. Dusche / Gäste-WC
4. Kochen
5. Technik
6. Bad
7. Zimmer
8. Arbeiten
9. Spielen

oben links:
Das Haus bildet sich außen aus Wänden und Dachflächen. Die innere Konstruktion stützen Lärchenholzpfeiler, die seitlich aus zwei, mittig aus vier Pfosten bestehen.

oben rechts:
Netze für Galerie und Treppengeländer unterstützen den Leichtbaucharakter des Inneren. Links der Klappladen eines Kinderzimmers. Gegenüber befindet sich die Comic-Bibliothek.

unten:
Die offene Küche verbindet sich durch eine für Kinder ideal nutzbare Theke mit der erhöhten Geschossebene. Dann steigt der Boden des Hauses weiter an – entsprechend der Geländeformation draußen.

CABANE R. — KUNÍK DE MORSIER ARCHITECTES   139

**KUNÍK DE MORSIER ARCHITECTES,
LAUSANNE (CH)**

Standort: Le Pont, Vaud (CH)
Baujahr: 2014
Bauweise: Holzbau
Wohnfläche: 160 m²
Grundstücksgröße: 1300 m²
Anzahl der Bewohner: 5
Fotograf: Eik Frenzel

Manchmal täuscht der äußere Eindruck. Vor dem Betrachter steht eines dieser sympathischen kleinen Holzhäuser, wie man sie im Schweizer Jura glücklicherweise nicht selten findet: schön proportioniert, zweistöckig, aus Holz, darauf ein leichtes, flaches Satteldach. Schindeln schützen vor starken Witterungssprüngen, bunt gestrichene Schlagläden verschließen es fest, wenn der Wind zu stark weht oder es einige Zeit nicht bewohnt wird. Hier aber sollte man genauer hinschauen. Nicht umsonst bezeichnen die Architekten aus Lausanne ihre Haltung als „pluridisciplinaire" und arbeiten bewusst mit Philosophen oder Szenografen zusammen. Es steckt mehr in ihrem Entwurf als nur die adäquate Adaption traditioneller Baumuster. Das Besondere ihres Projekts Cabane R. steckt im Konzept. Ein erstes Indiz bietet der Blick auf die asymmetrische Position der Fenster, die offenbar keiner normalen Geschossordnung zugehören. Vielmehr handelt es sich um zwei grundsätzlich verschiedene Ebenen, deren untere sich sogar in Partien an den Geländelinien des Grundstücks orientiert. Im Prinzip ist das kellerlose Häuschen als großer hölzerner Gesamtraum, als Hütte konzipiert, an dessen oberster Position unter den schrägen Dachinnenflächen ein Rückzugsort für die Kinder eingerichtet wurde. Von dort aus bewegt man sich über unterschiedliche, relativ kurze Treppenläufe von Ebene zu Ebene und durch den zentralen Luftraum nach unten. Auf mittlerer Höhe liegen vier, an den Außenseiten positionierte Schlafzimmer, eine Arbeitsnische sowie ein großes Familienbad. Diese Schlafebene sitzt auf einem minimalistisch dimensionierten Stützensystem, dessen zentrale vier Ständer aus jeweils vier Bündelpfeilern gebildet werden. Das Erdgeschoss besitzt bis auf eine vor den Hauseingang geschobene schmale Holzkiste, in der sich die Technik und das Gästebad befinden, keine Trennwand – man kann sogar an den Innenwänden komplett herumlaufen. Der Wohnzusammenhang entsteht so vollkommen natürlich und umfasst Eingang, offene Küche, Ess- und Wohnbereich sowie eine mittlere Aufenthaltszone für die Kinder, die sich – entsprechend der äußeren Geländeformation – mit einer kräftigen Stufe über das tiefste Niveau des Hausbodens hebt.

Über dem geheizten, dunkel geölten Betonestrichboden wirkt die Wohnhalle sehr hell. Dazu tragen die verbauten Fichtenhölzer und die überall verteilten Fenster bei.

Die Dachlinie weist gerade nach Süden. Das flache Satteldach erhielt eine regionaltypische Schindeldeckung, zeitgemäß kombiniert mit Sonnenkollektoren.

Hier haben Bauherren
und Architekten
für ihr Alpenhaus einen echten
Locus amoenus
gefunden — einen idealen,
lieblichen Ort,
oberhalb von Wolkenstein.

VILLA R

WOLKENSTEIN (I)

— 2013

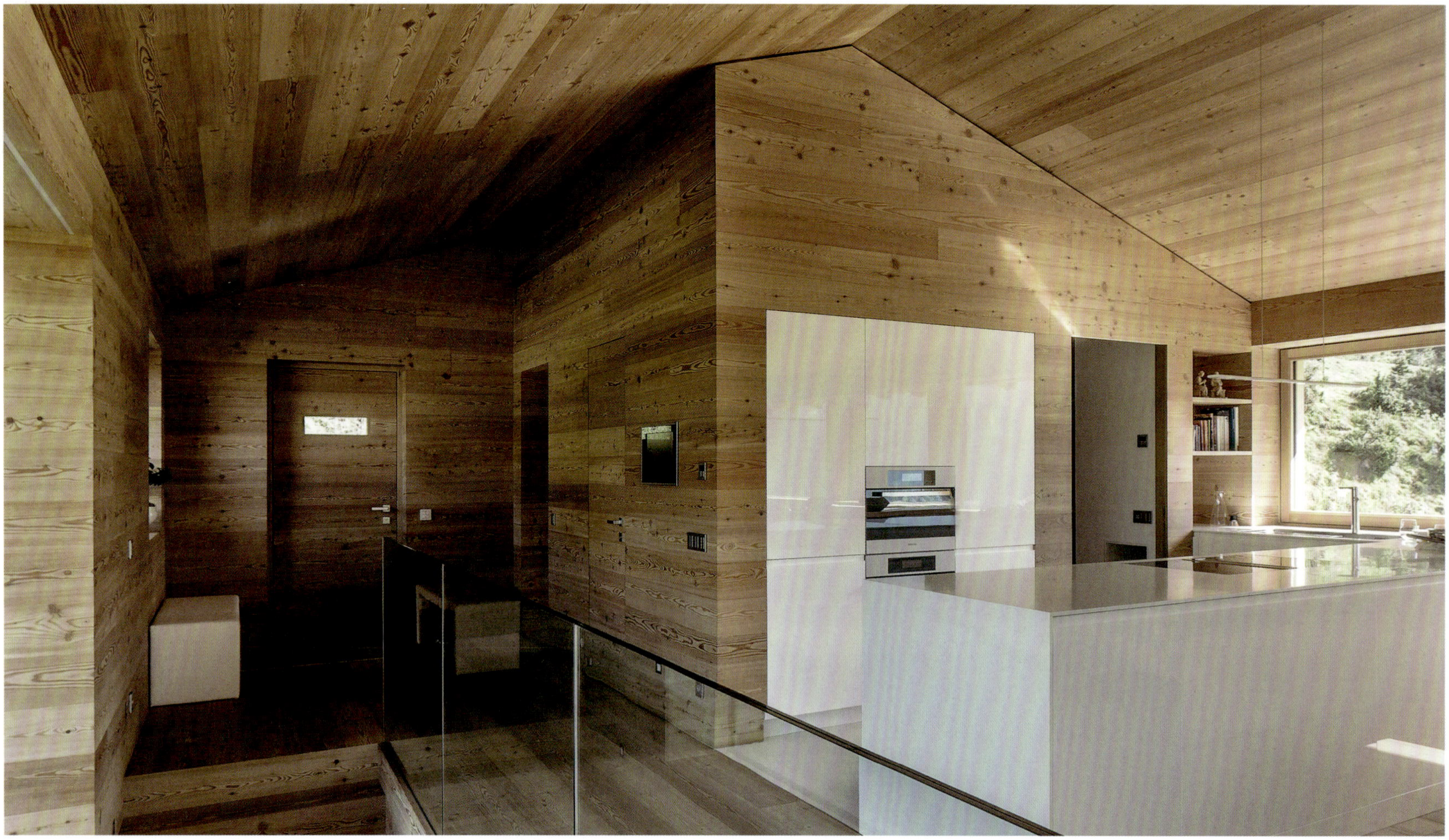

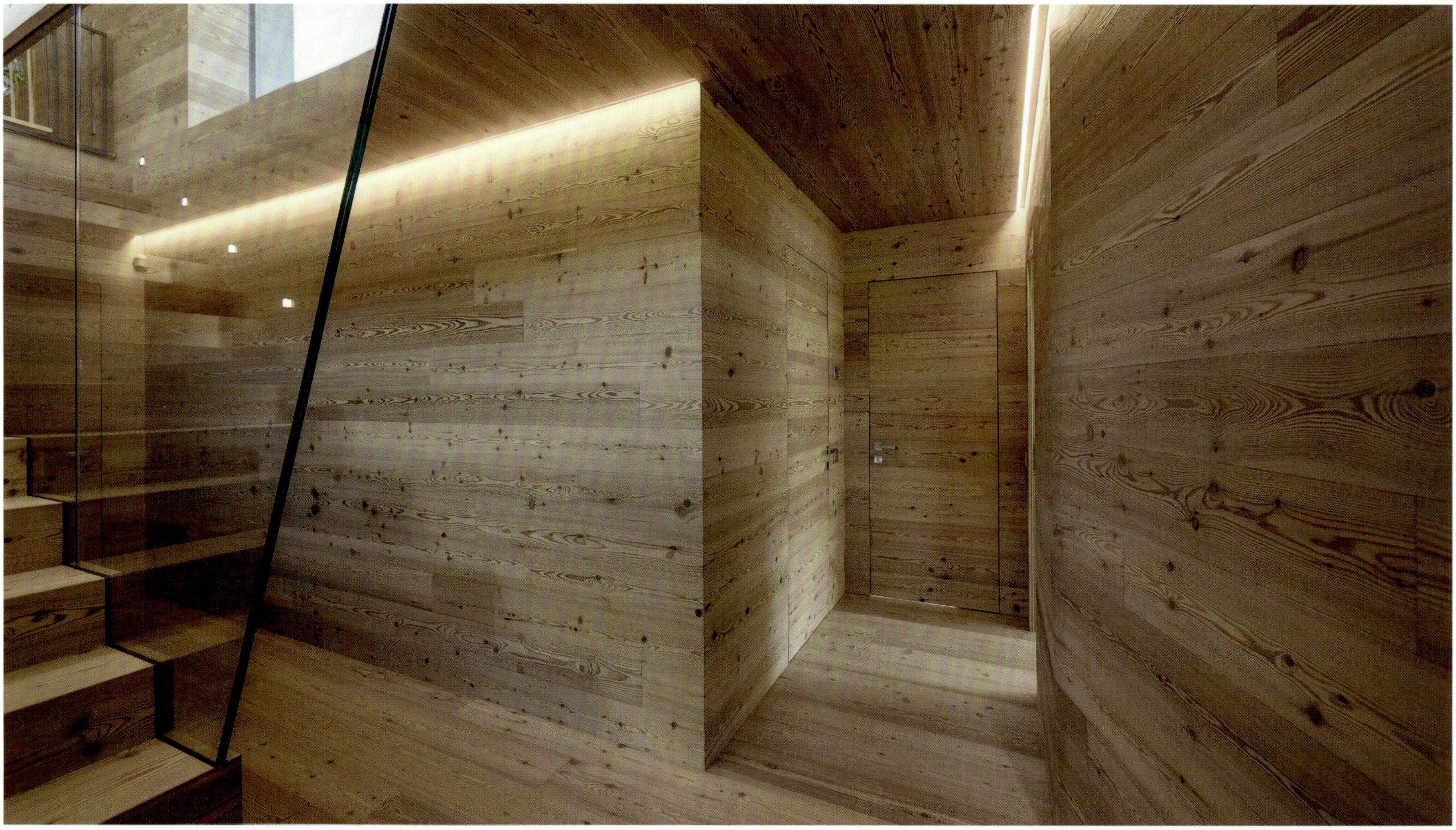

links oben:
Links der Hauseingang mit Garderobe, rechts die offene Küche mit dem Zugang zur Speisekammer.

links unten:
Im unteren Schlafgeschoss dominiert das Holz. Die Beleuchtung erfolgt über dezent in die Decke integrierte Lichtbänder.

Der berühmte Ort Wolkenstein befindet sich in den nördlichen Dolomiten, im Talgrund, umgeben von bewaldeten Hängen, über die sich zahlreiche Lifte und Skipisten verteilen. Das Einfamilienhaus Villa R liegt auf einem der typischen Almhänge, ideal nach Süden ausgerichtet. Wie die atemberaubenden Aufnahmen dieser Lage belegen, profitiert es von der regionalen Gepflogenheit, die Grundstücke schwellenlos in das weiche Wiesengelände übergehen zu lassen und nicht mit zergliederndem Gartenbau oder Umzäunungen zu versehen. So wirkt auch dieses Wohnhaus, als ob es lediglich eine vormalige Holzhütte ersetzt hätte. Diesen Eindruck unterstützt die Architektur durch die elegante Einpassung sowohl zweier Untergeschosse als auch einer Doppelgarage in einer sanft in das Gelände modellierten Erhöhung. Der langgestreckte Baukörper mit seinem Wohngeschoss unter dem flachen Satteldach thront nun gleichsam auf einem kleinen Plateau. Von dort, von der Westterrasse oder dem südlichen Wohnbereich aus, entwickelt sich das Panorama ungestört: die Sella-Gruppe im Osten und die Langkofel-Gruppe im Süden mit bis zu 3180 Meter Höhe. Die moderne Architektursprache mit den zur Landschaft hin verglasten Außenwänden, der formal reduzierten Innengestaltung und der in auffällig weißer Optik gehaltenen, technisch-funktionalen Einrichtung wird – im Interesse der Einbindung in die lokale Typologie – immer wieder mit althergebrachten Elementen des Bauens und Wohnens in harmonische Verbindung gesetzt: den kräftigen Holzbalken des überkragenden Daches oder dem zentral platzierten und von einer Bank umgebenen Stubenofen.

Astiges Lärchenholz bestimmt die meisten Oberflächen und bildet die Raumkanten und Volumen. Wichtig war, das bewährte einfache Denken wieder aufzugreifen. Deshalb entsprechen die Materialien im Inneren dem Außen: Lärchenholz und heller Außenputz auf Kalkzementbasis. Das Obergeschoss beinhaltet nördlich den Eingang und die Garderobe, ein Arbeitszimmer und Gäste-WC. Es folgen nach Süden die offene Küche sowie Wohn- und Essbereich. Im unteren Stockwerk sind die Tiefgarage und Kellerräume sowie zwei Schlafzimmer und zwei Bäder situiert. Im Tiefgeschoss befindet sich darüber hinaus ein natürlich klimatisierter und belüfteter Weinkeller.

oben:
Die Sella-Gruppe hinter dem Grödner Talkessel mit dem abendlich beleuchteten Ort Wolkenstein. Man versteht, warum die Bauherren diesen Platz ausgesucht haben.

unten:
Der Blick vom Eingang durch das Wohngeschoss. Rechts die Treppe nach unten, links die weiße Küchentheke und die Rückseite des Stubenofens, der den Wohn- und Essbereich zoniert.

RUDOLF PERATHONER ARCHITEKT,
WOLKENSTEIN (I)

Standort: Wolkenstein (I)
Baujahr: 2013
Bauweise: gedämmter Ziegelbau
mit Holzverkleidung
Wohnfläche: 160 m²
Grundstücksgröße: 1100 m²
Anzahl der Bewohner: 4
Fotograf: Georg Hofer

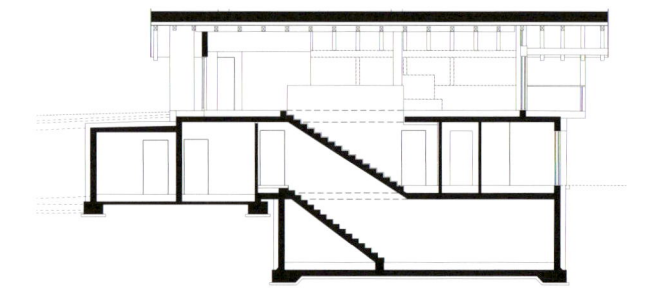

LEGENDE
1 Garage
2 Heizung
3 Zimmer
4 Bad
5 Kellerraum
6 Abstellraum
7 Eingangsbereich
8 Wohnen / Essen
9 Balkon
10 Kochen
11 Speisekammer
12 WC
13 Büro
14 Garderobe

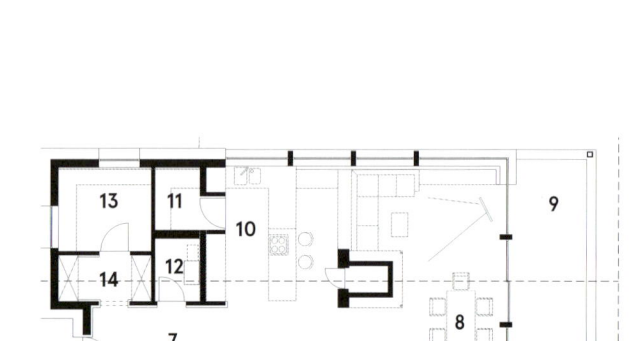

LÄNGSSCHNITT

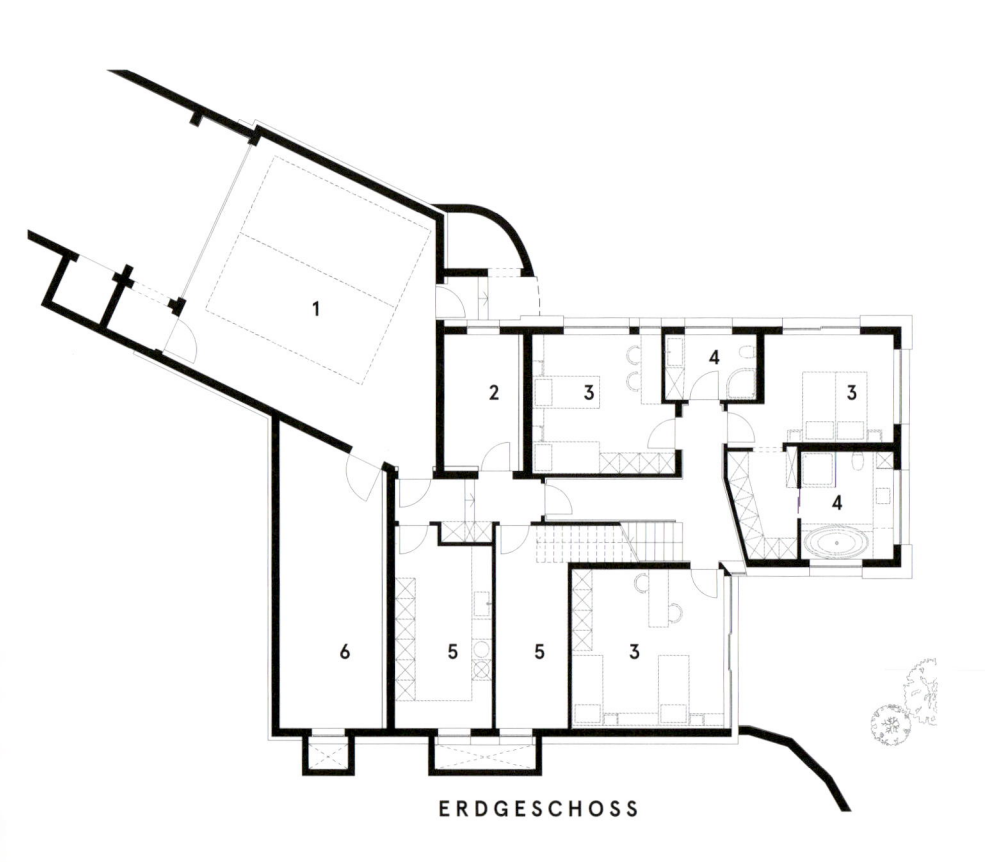

OBERGESCHOSS

ERDGESCHOSS

oben:
Aus dem Kinderzimmer blickt man über die untere Terrasse exakt auf den 3180 m hohen Langkofel.

unten:
Im Tiefgeschoss befindet sich der hier noch nicht gefüllte Weinkeller. Ein Bereich des Bodens wurde für die natürliche Klimatisierung gekiest.

rechts:
Auch im Gäste-WC wurde der stimmige Hell-Dunkel-Zweiklang durchgehalten: dunkel erdfarbige Wände und weiße Sanitärobjekte.

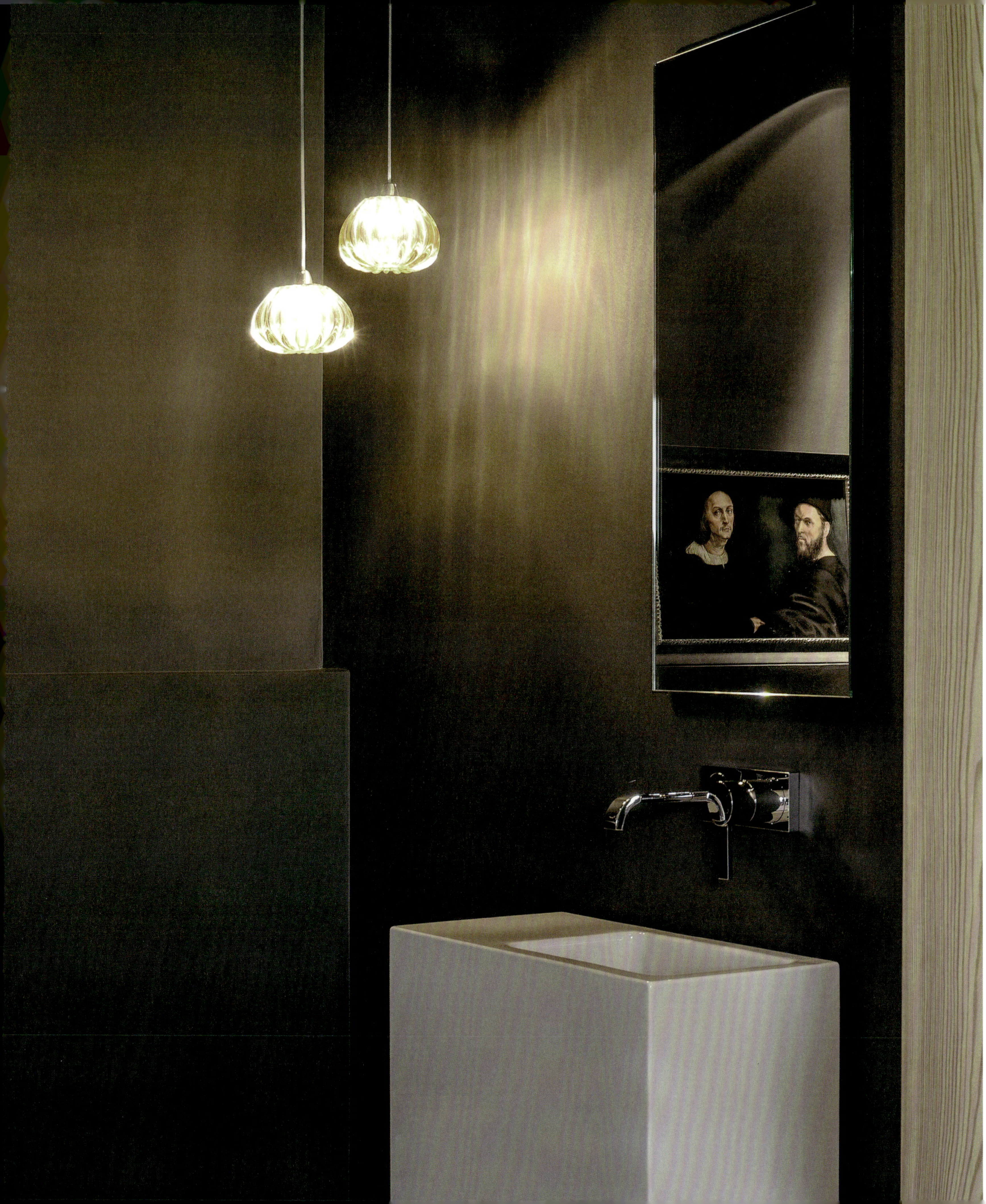

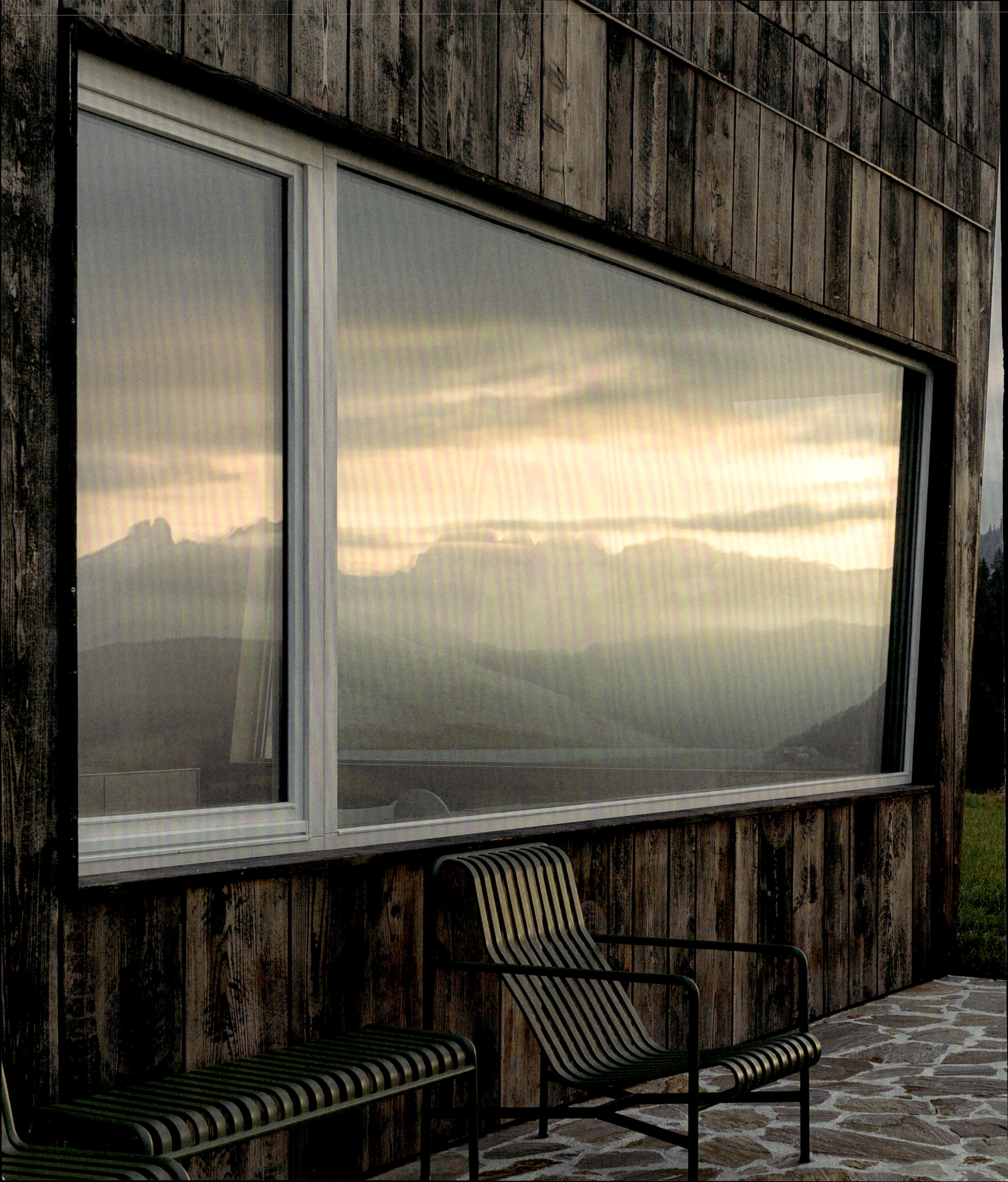

WEITERDENKEN
— IN MODERNER FORM

Mit seinem charakteristischen Auftritt lässt sich das Haus bereits von Ferne schnell identifizieren – und macht neugierig.

HAUS MIT GIEBEL

ROSSLEITHEN (A)

— 2017

Willkommensgruß der Architektur:
das ebenso uralte wie sympathische Motiv
des Rundfensters im Dreiecksgiebel.

Blick aus dem Dachgeschoss mit den Kinderzimmern durch den Treppenschacht und durch das Rundfenster im Ostgiebel.

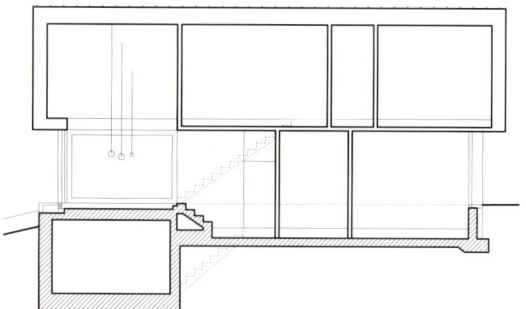

LÄNGSSCHNITT

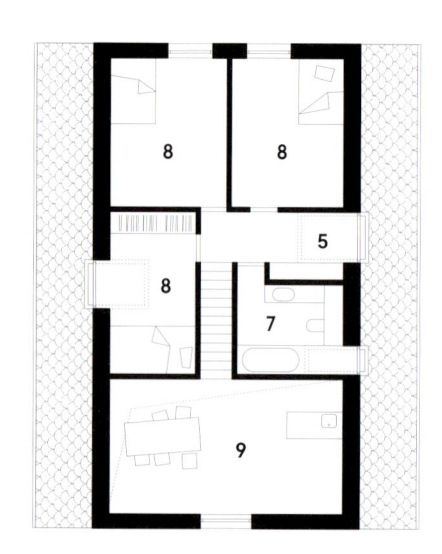

DACHGESCHOSS

ERDGESCHOSS

LEGENDE
1 Kochen / Essen
2 Eingang / Garderobe
3 Wohnen
4 WC
5 Vorraum
6 Schrankraum
7 Bad
8 Schlafen
9 Luftraum

MIA2/ARCHITEKTUR,
LINZ (A)

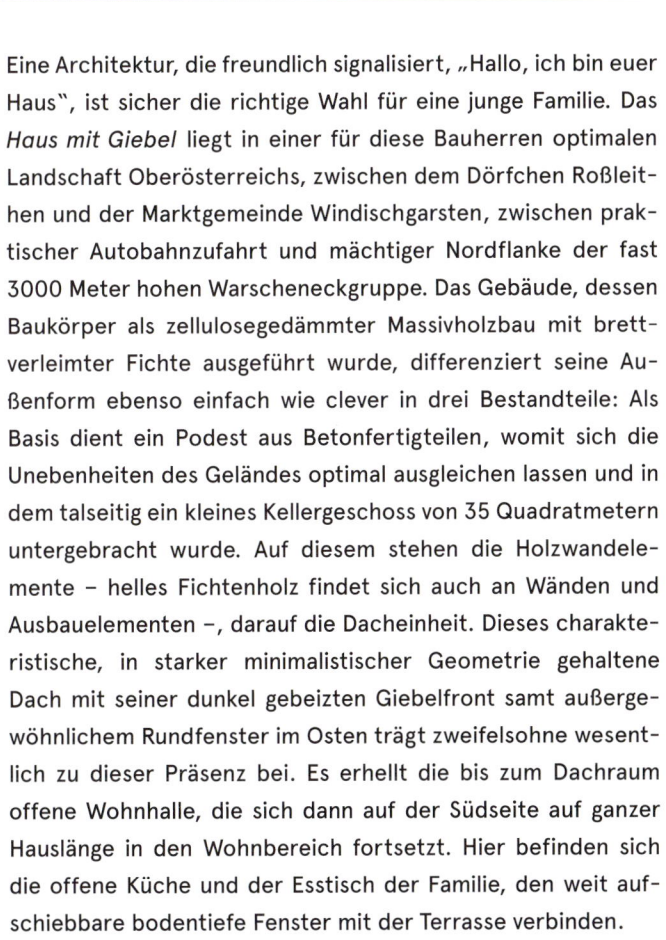

Standort: Roßleithen (A)
Baujahr: 2017
Bauweise: Holzkonstruktion
Wohnfläche: 156 m²
Grundstücksgröße: 1085 m²
Anzahl der Bewohner: 4
Fotograf: Kurt Hörbst

Eine Architektur, die freundlich signalisiert, „Hallo, ich bin euer Haus", ist sicher die richtige Wahl für eine junge Familie. Das *Haus mit Giebel* liegt in einer für diese Bauherren optimalen Landschaft Oberösterreichs, zwischen dem Dörfchen Roßleithen und der Marktgemeinde Windischgarsten, zwischen praktischer Autobahnzufahrt und mächtiger Nordflanke der fast 3000 Meter hohen Warscheneckgruppe. Das Gebäude, dessen Baukörper als zellulosegedämmter Massivholzbau mit brettverleimter Fichte ausgeführt wurde, differenziert seine Außenform ebenso einfach wie clever in drei Bestandteile: Als Basis dient ein Podest aus Betonfertigteilen, womit sich die Unebenheiten des Geländes optimal ausgleichen lassen und in dem talseitig ein kleines Kellergeschoss von 35 Quadratmetern untergebracht wurde. Auf diesem stehen die Holzwandelemente – helles Fichtenholz findet sich auch an Wänden und Ausbauelementen –, darauf die Dacheinheit. Dieses charakteristische, in starker minimalistischer Geometrie gehaltene Dach mit seiner dunkel gebeizten Giebelfront samt außergewöhnlichem Rundfenster im Osten trägt zweifelsohne wesentlich zu dieser Präsenz bei. Es erhellt die bis zum Dachraum offene Wohnhalle, die sich dann auf der Südseite auf ganzer Hauslänge in den Wohnbereich fortsetzt. Hier befinden sich die offene Küche und der Esstisch der Familie, den weit aufschiebbare bodentiefe Fenster mit der Terrasse verbinden.

Vier Stufen führen von dort hinab in die gemütlich tiefer gelegte Wohnzone. Sie wird auf drei Seiten von einem umlaufenden Sideboard eingefasst, das auf angenehme Weise die Höhe der außen umgebenden Rasenfläche des Gartens aufnimmt. Es bietet nicht nur Stauraum, sondern ermöglicht auch das Abstellen von Utensilien und Dekoration, primär aber lockeres Sitzen und Entspannen. Im Treppenschacht findet sich ein weiteres formal eigenständiges Motiv der Planung: Die einläufige Treppe schneidet ein wie eine Schlucht, zwischen den im Erdgeschoss situierten Zonen des Wohnraums und dem seitlich, ebenfalls vier Stufen tiefer gelegenen Elterntrakt mit Garderobe und unterem WC. Darüber ragen die Holzwände eines der drei Kinderzimmer und des Familienbades im Dachgeschoss auf.

oben links:
Der langgezogene Wohnraum mit seinem grauen Betonestrichboden erhält atmosphärische Eigenständigkeit durch das umlaufende Sideboard und die verhältnismäßig niedrige Holzdecke.

unten rechts:
Links seitlich der offenen Küche folgen hinter der Schrankwand der Eingang mit Garderobe, dann das Elternschlafzimmer mit Bad sowie das untere WC.

Das sich mit seiner Sichtbetonarchitektur durchaus monolithisch präsentierende Haus, über dem das Drei-Schwestern-Massiv mit 2000 m Höhe aufragt, liegt an einer steil ansteigenden Wohnstraße. Seine Dreiecksform ist nicht auf Anhieb sichtbar.

Im Hinblick auf
die dramatischen Bergspitzen
über ihr bietet
diese Villa Vergleichbares:
eine veritable Hausspitze — komfortabel ausgestattet,
mit Gartenanschluss und Pool.

TRIAN-
GEL

NENDELN (LI) — 2017

RITTER SCHUMACHER,
VADUZ (LI), CHUR (CH)

Standort: Nendeln (LI)
Baujahr: 2017
Bauweise: Massivbau
Wohnfläche: 250 m²
Grundstücksgröße: 1025 m²
Anzahl der Bewohner: 5
Fotografin: Joana Vilaça

links:
Vom Gartenschwimmbad aus ist die unten aufgeschnittene Hausspitze am besten zu erkennen. Stahlstützen verstecken sich dezent in der Fensterglinderung der Wohnräume.
Das kleine Fenster im oberen Geschoss gehört zur Dachterrasse.

oben:
Der Reiz dieser besonderen Hausgestalt ist zweifelsohne die Spitze im Garten. Unten öffnet sie sich zur Terrassenhalle mit hoher Decke. Das dafür nötige Raumvolumen verbirgt sich hinter den darüber sitzenden Sichtbetonwänden.

links unten:
Bei entsprechender Möblierung und Ausstattung ist man verwirrt, ob es sich um einen Innen- oder Außenraum handelt. Gleichwie: Der Westblick auf die Schweizer Alpen ist atemberaubend.

Bei einem Dreieckshaus könnte man vermuten, Architekten und Bauherren hätten launig eine besondere Geometrie für die Villa gewählt. Mitnichten – bei guter Architektur lässt sich jede Entscheidung sinnvoll nachvollziehen: Das Haus liegt östlich dicht am Waldrand. Durch die Einziehung der Hangseite, die sich ansonsten eng und damit auch schattiger an die Bäume hätte setzen müssen, gelang es aber, dem Haus von dieser Seite Licht zukommen zu lassen und einen raumentwickelnden Anschluss an den Garten zu ermöglichen. Seine Statik – immerhin ist das Wohngeschoss auf drei Seiten verglast – stützt sich, intelligent verteilt, auf die Baumasse der straßenseitigen Stahlbetonfassade und den Dreieckpfeiler an der Südspitze.

Nun steht es auf einem Plateau am Hang oberhalb des kleinen Ortes Nendeln an der Westflanke des Drei-Schwestern-Massivs und blickt in das Rheintal, über Liechtenstein hinweg, bis in die Schweizer Alpenregion hinein. Zur Straße hin steigt das Sichtbetongebäude mit drei Geschossen auf, eine schwarze Zugangsfront fasst den Hauseingang und die Doppelgarage zusammen. Rechts der Haustür ist in diesem Untergeschoss ein Gästezimmer mit Bad platziert, dahinter befinden sich die Technik- und Kellerräumlichkeiten. In der Garage, die sich wie ein Keil bis tief in die Erde hineinzieht, lässt sich wegen der schräg laufenden Innenwand schon die Form des Hauses erahnen, die dem Davorstehenden noch verborgen bleibt.

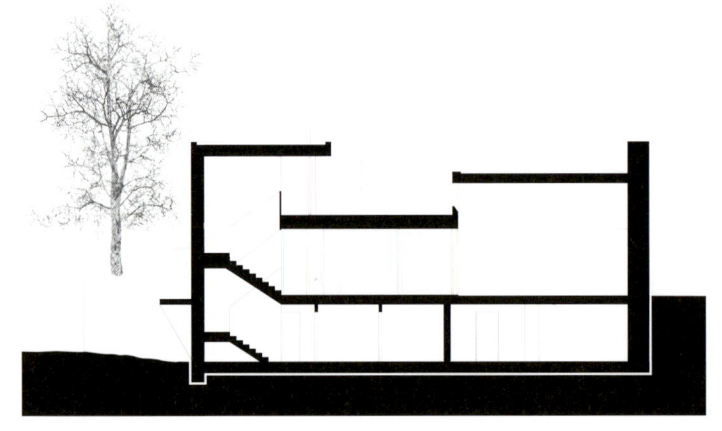

QUERSCHNITT

Im Obergeschoss gibt es eine eigene Lounge für Freizeit und Medien – sie öffnet sich bodentief verglast auf die Dachterrasse.

Der mittlere Teil des Obergeschosses wurde zu einer Dachterrasse mit Holzboden. Von ihr aus betritt man ein Hochplateau (links) in der Südspitze. Es wird von der Decke der Terrassenhalle gebildet.

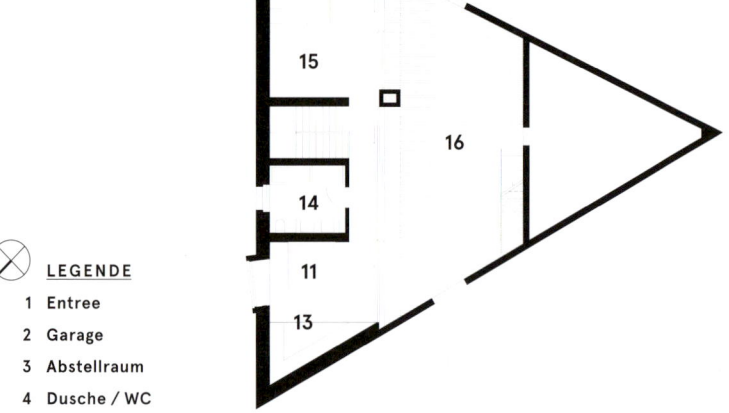

LEGENDE
1. Entree
2. Garage
3. Abstellraum
4. Dusche / WC
5. Waschen
6. Keller
7. Technik
8. Zimmer
9. Wohnen
10. Kochen / Essen
11. Schlafen
12. Terrasse
13. Ankleide
14. Bad
15. Büro / Lounge
16. Dachterrasse

OBERGESCHOSS

ERDGESCHOSS

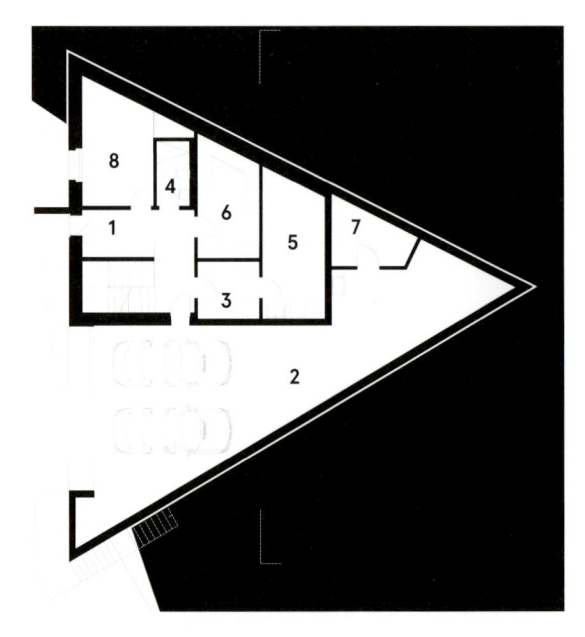

UNTERGESCHOSS

Der Wohnraum mit seinem im gesamten Geschoss verlegten dunklen Eichenholzboden verfügt über einen in die Wand integrierten Kamin.

Das Erdgeschoss reiht drei Schlafzimmer und ein Bad entlang dieser Nordfront, woran sich nach Süden der große, komplett verglaste Wohnbereich mit offener Küche rechts und Kaminplatz links anschließt. Er verjüngt sich in Richtung der den Hausspitz einnehmenden Terrassenhalle. Auch das Obergeschoss besteht aus drei Sphären: Nördlich liegen das Hauptschlafzimmer mit Bad sowie ein Loungebereich. Dann folgt hinter einer durchlaufenden Glaswand die Dachterrasse, die mit der Assoziation an das Oberdeck eines Schiffes spielt, wozu nicht nur der Holzboden beiträgt. Es gibt nämlich sogar die Analogie eines erhöhten Buges, auf dessen Ausgucksplattform man mit einer eigenen Außentreppe steigen kann. Ein Rundfenster erlaubt den Blick in die Terrassenhalle hinunter.

Aus bestimmten Perspektiven wird deutlich, woher die außergewöhnliche Gestaltung des Hauses ihre Inspiration erhielt. Seine Großform wurde auf die reine Kontur beschränkt.

LEIERHOF

POSTALM, ABTENAU (A)
— 2016

Der Leierhof spielt gekonnt
mit dem Neuen und bringt Spannung
in die alpine Architektur.

Die Oberfläche der Fassadenhölzer wurde vor der Montage verkohlt, um sie ästhetisch „in Bezug zu den dunklen Holzfassaden alter Bauernhäuser" zu setzen.

Die Landschaft des Tennengebirges im Salzburgerland ist wegen der leicht erreichbaren Wanderziele sehr beliebt und winters wie sommers deshalb durchaus frequentiert. Zudem entspricht ihre originäre Bebauung nicht selten dem ersehnten Klischee – so wie die benachbarten romantischen Almhütten aus den letzten Jahrhunderten, die sich auf dem riesigen Hochplateau der Postalm verteilen. Folglich könnte man bei dem auf 1200 Meter Höhe gelegenen und bewirtschafteten Leierhof also eigentlich ein traditionelles Bauernhaus erwarten. Wir aber befinden uns im 21. Jahrhundert, und entsprechend ist auch der Auftritt der Architektur. Dem Architekten gelang der Geniestreich, sich mit einem fundamental zeitgemäßen Haus stilistisch nicht nur störungsfrei, sondern sogar anregend in die Kulturlandschaft hineinzubauen – fünf Jahre wurden für Planung bis Ausführung investiert, wobei sich die Bauherren schon früh dazu entschieden, den von ihnen übernommenen, stillgelegten Bauernhof nicht zu sanieren, sondern komplett neu zu bauen. Der Baukörper mit seinem asymmetrischen Dachaufbau und der leicht aus der Vertikalen gekippten Seitenwand sitzt auf einem massiven Steinsockel, ausgeführt um einen Betonkern mit Kreuzlagenholzplatten, die Oberflächen bestimmen biologisch behandelte Lärchen- und Fichtenhölzer. Lärchenlatten decken auch die Satteldachfläche, darunter liegt eine wasserableitende Bitumenschicht, die traufseitigen Regenrinnen wurden in den Baukörper integriert. Das Innere des Hauses verfügt wie die alten Höfe über eine erstaunliche Vielzahl an unterschiedlichen Funktionen – nun aber exakt ausgerichtet auf das moderne Wohnen: Unten versammeln sich das Pelletlager mit der Haustechnik, ein Wein- sowie ein traditioneller Erdkeller.

Das Erdgeschoss beinhaltet neben dem hellen Eingang mit Blickbeziehung zur Vorfahrt die Wohnküche, angeschlossen eine große Wohnecke, außerdem ein Schlafzimmer mit Bad. Im Dach befinden sich talseitig zwei mit Bad ausgestattete Schlafzimmer samt gemeinsamer Loggia, auf der Hofseite reihen sich ein Bad, ein oberer Aufenthaltsraum mit Teeküche sowie ein großes Kinderzimmer. Im ausgebauten Dachspitzgeschoss, dem Restraum unter dem First, können zudem weitere Gäste unterkommen.

Auf der Bergseite der kreisrunden Zufahrt ist das Wirtschaftsgebäude des Leierhofs unsichtbar. Gegenüber dem fulminanten Auftritt des Haupthauses bleibt es bewusst im Hintergrund.

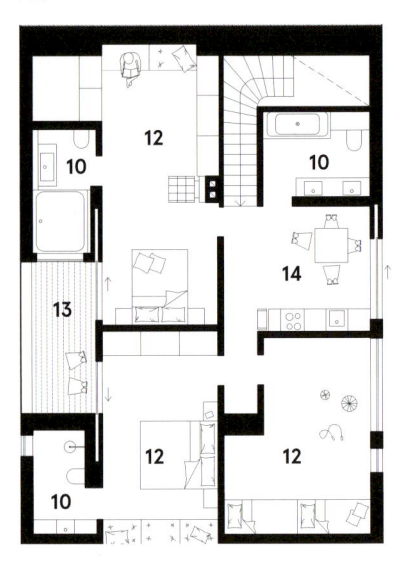

DACHGESCHOSS

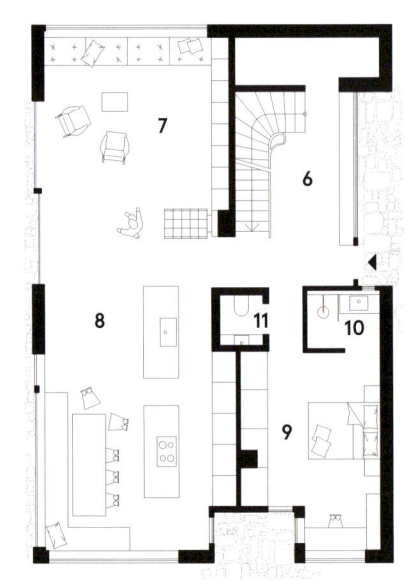

ERDGESCHOSS

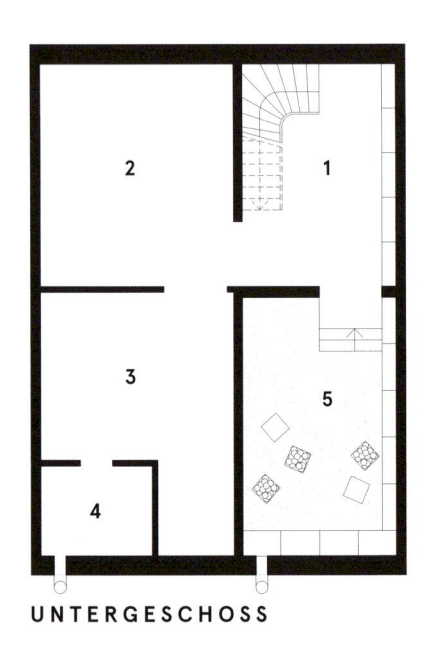

UNTERGESCHOSS

⊗ **LEGENDE**
1 Weinkeller
2 Wellness
3 Haustechnik
4 Pelletlager
5 Erdkeller
6 Vorraum
7 Wohnen
8 Essen / Kochen
9 Schlafen
10 Bad
11 WC
12 Zimmer
13 Loggia
14 Teeküche

MAXIMILIAN EISENKÖCK ARCHITEKTUR, WIEN (A)

Standort: Postalm, Abtenau (A)
Baujahr: 2016
Bauweise: Holzmassivbau
Wohnfläche: 199 m²
Grundstücksgröße: 330.000 m²
Anzahl der Bewohner: 8
Fotograf: Maximilian Eisenköck

LÄNGSSCHNITT

links:
Der Eingang des eigenwilligen Holzhauses begrüßt den Besucher mit einer überraschend eleganten Treppe, welche die drei Wohngeschosse verbindet.

rechts:
Die Wohnküche mit berückendem Panoramablick kombiniert den Esstisch mit einer minimalisierten Version der traditionellen Eckbank. Die aus Möbelbauplatten gezimmerten Küchenblöcke erhielten eine Betonspachtelung.

unten links:
Das Familienbad wird durch ein großes Dachflächenoberlicht erhellt. Hinter der Wanne liegt das Raumvolumen für Treppe und Luftraum des Eingangs.

unten rechts:
Detailplanung: Die Schlafzimmerfunktion wird ergänzt durch eine Sitzbank am Fenster und Nutzraum über dem Badmodul, das sich hinter der Holzwand befindet.

Das gekonnte Raumspiel mit dem Gebäudevolumen erlaubt überall individuelle Zonen: hier eine Rückzugsnische in einem der Schlafzimmer.

Alpenarchitektur made in Vienna

Drei Fragen an den Wiener Architekten Maximilian Eisenköck

Herr Eisenköck, Sie sitzen mit Ihrem Büro in Wien. Da stellt sich die Frage: Wie begegnen Sie als junger Großstadtarchitekt der traditionellen Baukultur? Immerhin haben Sie unter anderem für Coop Himmelb(l)au gearbeitet.
Ich kann erkennen, dass seit der Zeit, in der ich zu studieren begonnen habe – das war 2003 –, ein deutlicher Wandel in der Architektur eingesetzt hat. Weg vom Stararchitekten hin zu einem Finden von maßstäblich, ökologisch und soziologisch adäquaten Lösungsansätzen.

Gab es Reaktionen aus der Umgebung, den Nachbarhöfen oder der ansässigen Architektenszene auf Ihren *Leierhof*? Immerhin hätte man den Vorgängerhof ja auch kontextuell integrieren können.
Zu Beginn waren wir mit viel Widerstand konfrontiert. Nach Fertigstellung ist die Skepsis jedoch einer gewissen Neugierde gewichen, und dem Projekt wird nun allgemeine Sympathie entgegengebracht. Dazu haben auch die Maßstäblichkeit und die Materialität beigetragen sowie die Tatsache, dass es keinen Zaun gibt und die Anlage durchwandert werden kann.

Wenn Sie an den typischen Alpenhausstil denken: Gibt es für Sie ein Klischeeverbot oder könnten Sie sich vorstellen, bei einem weiteren Entwurf in der Alpenregion das eine oder andere Element aufzunehmen?
Aufnehmen kann man Elemente schon, wenn es sinnvoll ist. Dekorationen entsprechen allerdings nicht unserem Verständnis von zeitgemäßer Architektur. Architektur ist nur dann von Bedeutung, wenn sie die jeweilige Zeit widerspiegelt, in der sie gebaut wird.

Neue Alpenarchitektur vor den Felshängen in der bündnerischen Surselva: Das subtil geformte Betonhaus gewinnt sein zeitgemäßes Dekor aus den orthogonalen Linien der Schalung.

HAUS IN TRIN-MULIN

TRIN (CH) — 2016

Es ist durchaus herausfordernd, in eine bereits in vielerlei Hinsicht gestaltete Kulturlandschaft hineinzubauen. Ein Vorschlag: prägnantes Entwurfskonzept und konsequenter Umgang mit Materialien.

Das Treppenhaus wurde als nichttragendes Holzelement in das Gebäude hineingestellt.

Das noch karg eingerichtete Interieur des Hauses mit dem Küchenblock. Die Sichtbetonwände und -decken sind besonders hell, dank einheimischer Zuschlagstoffe.

SCHNELLER CAMINADA ARCHITEKTEN,
TRIN (CH)

Standort: Trin (CH)
Baujahr: 2016
Bauweise: Massivbauweise
Wohnfläche: 180 m²
Grundstücksgröße: 550 m²
Anzahl der Bewohner: 2
Fotograf: Gaudenz Danuser

Der signifikante Flimserstein im Hintergrund reflektiert sich architektonisch in Gestalt einer strikten Sichtbetonoptik. Im Inneren verfügt das Wohnhaus über eine durchgehende Innendämmung.

Es ist ein Haus wie aus dem Bilderbuch, übersichtlich proportioniert, mit aufrechtem Giebel – auf eine besondere Weise exakt eingepasst in die malerische Felslandschaft des südlichen Glarner Alpenmassivs, dort, wo die alte Landstraße oberhalb des Vorderrheintals von Domat/Ems nach Flims verläuft. Ein kleiner Ortsteil, den man nach zwei Mühlen und einer dazugehörigen Säge einst Trin Mulin nannte, liegt dort unterhalb des teils sanften Wiesen-, teils schroffen Hanggeländes, das nach Norden in die Glarner Berge mit dem Crap Mats und dem Ringelspitz bis auf über 3200 Meter ansteigt. Das Sichtbetondomizil der zwei neuen Bewohner des kleinen Örtchens unterscheidet sich von den Nachbarhäusern im Alpenstil durch seine rigorose Konturform und zieht wegen deren formaler Klarheit sofort alle Sympathie auf sich. Ein Kubus mit einem steilen Satteldach, alles in einem Material und Farbton, die Fenster scheinen lediglich aus dieser Schale herausgeschnitten, da man ihre Rahmen kaum sieht. An einer Ecke sitzt der typologisch unverzichtbare Kamin, ebenfalls gegossen, ebenfalls sorgfältig skulptiert. Ausreißer aus dieser reduzierten Großform sind der praktische Doppelcarport mit zwei integrierten Abstellkammern links des Eingangs sowie der unsichtbare Weinkeller. Dieser fügt sich mit seiner Naturmauerung östlich unterirdisch an das Untergeschoss, in dem sich nebst Keller- und Technikraum ein Atelier befindet. Warmwasser und Heizung werden durch eine Erdsonde sowie eine Wärmepumpe aufbereitet. Durchgehendes Element ist das Treppenhaus, das auf der Südseite zwei hohe Halbgeschosse, rückwärtig drei etwas niedrigere Halbgeschosse erschließt, wobei es dieser besonderen inneren Konstellation gelingt, Spannung in den betont schlicht gehaltenen Baukörper zu bringen. Mit Anschluss zur Vorfahrt und an den umgebenden Garten nimmt das Erdgeschoss den Eingang mit Gäste-WC, ein großes Wohn-Ess-Zimmer sowie die ohne Abtrennung eingebundene Küche mit kleiner Speisekammer auf. Das Obergeschoss teilt sich: Auf der Südseite liegt ein bis in den Giebel hineingeführter Wohnraum und die Bibliothek, in der Nordhälfte sitzen zwei übereinander angeordnete Etagen mit jeweils einem Schlafzimmer und Bad.

Die Bohlenwände aus Arvenholz kontrastieren reizvoll mit den Sichtbetonoberflächen und dem ansonsten verwendeten groben mineralischen Putz.

LEGENDE
1. Atelier
2. Keller
3. Technik
4. Weinkeller
5. Kochen
6. Wohnen / Essen
7. Geräte
8. Carport / Zugang
9. WC
10. Bibliothek
11. Schlafen
12. Bad
13. Luftraum Bibliothek

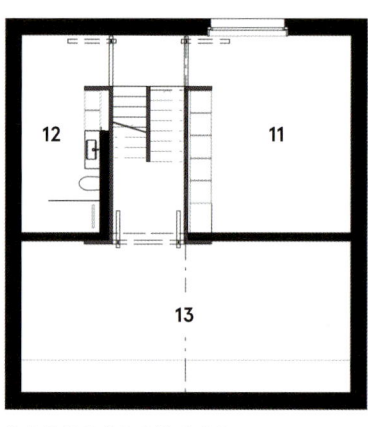

DACHGESCHOSS

OBERGESCHOSS

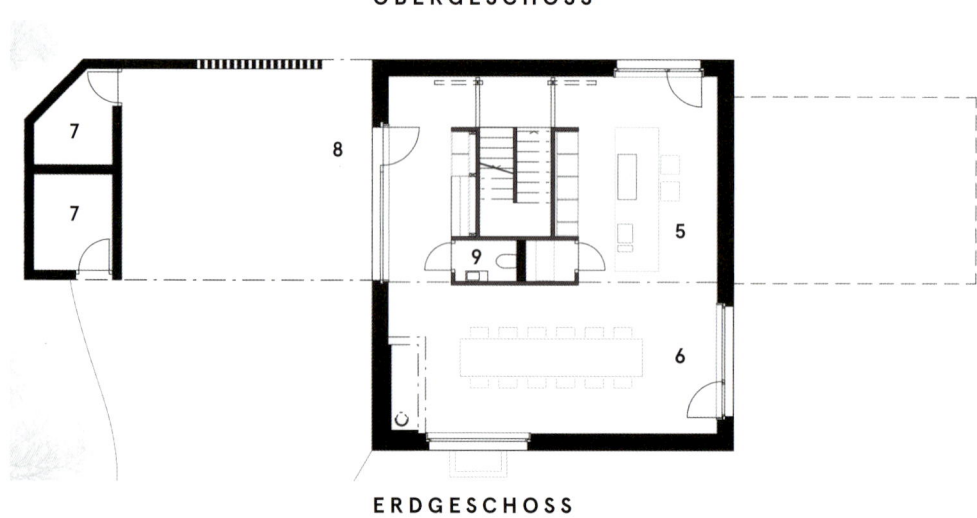

ERDGESCHOSS

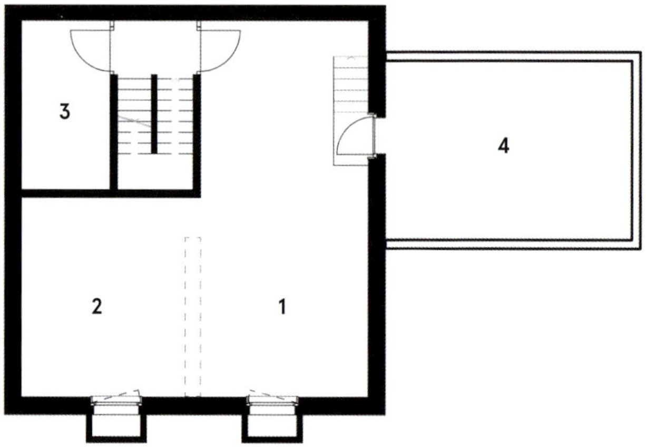

UNTERGESCHOSS

Die Quadratform der Fenster entspricht dem Entwurfskonzept, mit einfachen geometrischen Formen zu arbeiten. Hier das Südfenster der oberen Wohnhalle.

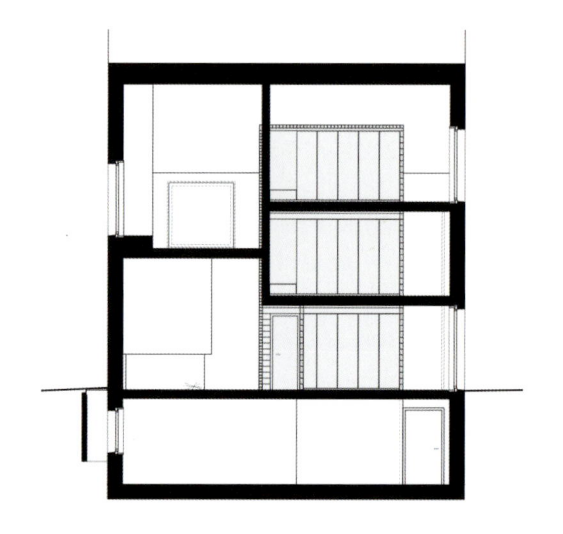

LÄNGSSCHNITT

Die Wohnhalle im Erdgeschoss mit Kamin, Essplatz und Küche. Hier zeigt sich der Reiz der anderthalbfachen Raumhöhe. Der Hauseingang liegt hinter der Holzwandung des Treppenhauses.

Die obere Wohnhalle, die sich zur Hälfte im Giebelraum befindet, wird mit dem Holzkern des Treppenhauses durch eine dekorative Portalrahmung verklammert.

Ein Charakteristikum des Entwurfs ist der wirkungsstarke Einsatz der Fassadenmaterialien: der schwere naturfarbene Feldsteinsockel unten, darauf der Holzbaukörper.

HAUS KRANA-WENDTER

LEOGANG (A) — 2015

Unzweifelhaft wird hier deutlich: Der rechte Winkel hat seine Reize. Eine Terrassierung aus Stein, ein Turm aus Holz, selbst die grandiose Fernsicht sitzt im orthogonalen Rahmen.

Der Holzturm sitzt seitlich auf dem massiven Basisbaukörper aus Naturstein.

HAUS KRANAWENDTER — LP ARCHITEKTUR

Es spricht für die Qualität eines Entwurfs, wenn er seine explizit moderne Konzeption mit einer exakt kontrollierten Prise Kontext versehen kann. Entsprechendes gelang den Architekten, als es darum ging, an einem sanften Südhang im Pinzgauer Örtchen Leogang zu bauen, geografisch gelegen zwischen Berchtesgaden und dem Großglocknermassiv. Die Lage neben und in familiärer Verbindung zu einem bereits bestehenden Wohnhaus im typisch regionalen Stil wurde von den Bauherren und ihren Planern keineswegs als Verpflichtung zur formalen Verbindlichkeit gesehen. Im Gegenteil, es entstand etwas vollkommen Neues: eine wohlproportionierte Fügung kompakter kubischer Elemente, unmissverständlich in der Tradition der Klassischen Moderne. Als Basis und Gebäudesockel dient die zweistufige, nach Süden und Westen hin orientierte Terrassenanlage. In ihr sitzen auf Straßenniveau die Doppelgarage, der untere Ansatz des Treppenhauses sowie ein, dank Schiebetüren, leicht nutzbarer großer Kellerraum. Eine Freitreppe führt ein Geschoss darüber zum Haupteingang mit der daneben liegenden Südterrasse, zu der auch das Gästezimmer einen Zugang besitzt.

Wer aus dem Haus tritt, durchläuft einen überdachten Gang im steinernen Sockel, rechts das Fenster zum Atelierraum. Dann folgt die Freitreppe zur Straße hinunter.

Die Außenflächen des Holzturms sind als silbergraue Lärchenholzlattung ausgeführt. Die kontrollierte Unregelmäßigkeit der Montierung erzeugt ein reizvolles Schattenspiel.

Diese Ebene beinhaltet außerdem einen Atelierraum, das Elternschlafzimmer mit Bad sowie die Gangverbindung zum Nachbarhaus. Auf diesem terrassierten und hangsichernden Podest fußt, nach Osten versetzt, der dreigeschossige mittelgraue Holzturm, verkleidet mit einer in ihrer Textur optisch wie haptisch anspruchsvoll gesetzten Vertikallattung aus sägerauen Lärchenbrettern. Spannung erzeugen die großen, unregelmäßig positionierten Fenster, die in den nur scheinbar massiv auftretenden Baukörper scharf eingeschnitten scheinen. In ihm wurde über dem erwähnten Schlafzimmer im ersten Obergeschoss des Hauses die Hauptebene mit Wohnen, Essbereich und offener Küche sowie einem Austritt auf den westlichen Altan untergebracht. Hier verbindet sich auch die Gartenfläche der beiden Häuser. Im obersten Geschoss liegen neben Bad und separierter Toilette die beiden Kinderzimmer mit unverbaubarem Blick auf den 1715 Meter hohen Asitz, dessen Freizeitangebote vom Bikerpark bis zu den Skipisten die Bewohner vermutlich nicht selten aus ihrem architektonischen Hochsitz herauslocken.

LP ARCHITEKTUR, ALTENMARKT (A)

Standort: Leogang (A)
Baujahr: 2015
Bauweise: Massivbauweise / Holzriegelbauweise
Wohnfläche: 205 m²
Grundstücksgröße: 1466 m²
Anzahl der Bewohner: 4
Fotograf: Albrecht Imanuel Schnabel

LEGENDE
1. Garage
2. Abstellraum
3. Erschließung
4. Vorraum
5. Atelier
6. Gästezimmer
7. Flur
8. Technik
9. Gang
10. WC
11. Garderobe
12. Schlafen
13. Bad
14. Kochen / Essen / Wohnen
15. Kinderzimmer
16. Spielflur

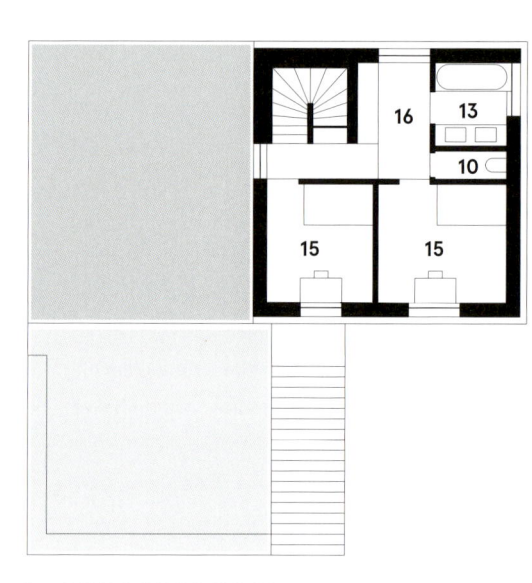

2. OBERGESCHOSS

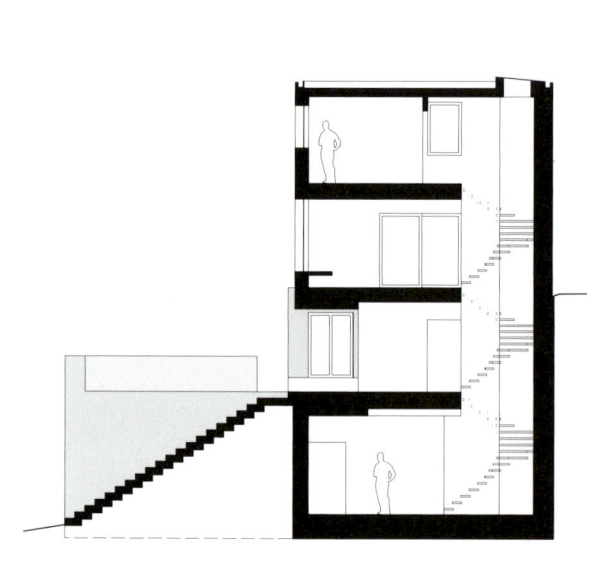

1. OBERGESCHOSS

QUERSCHNITT

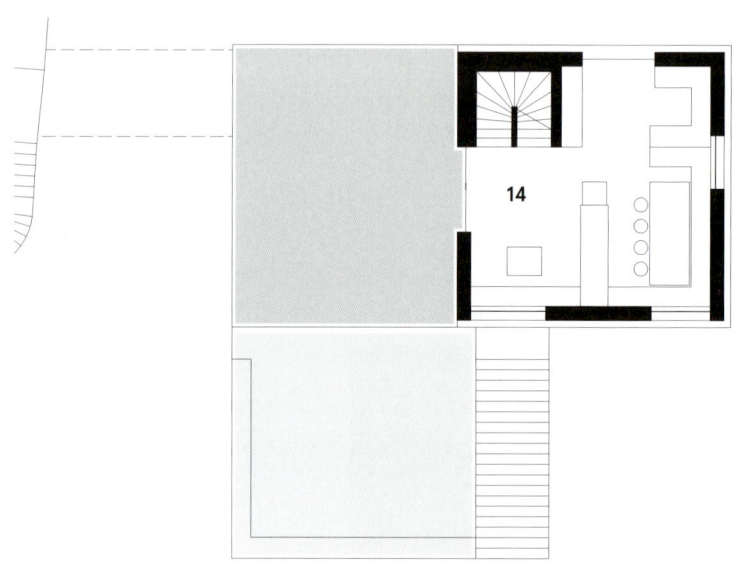

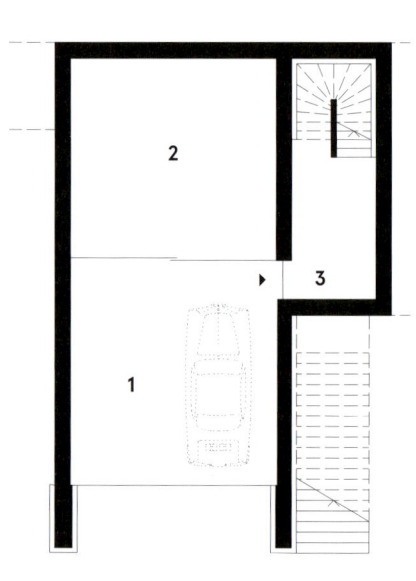

UNTERGESCHOSS

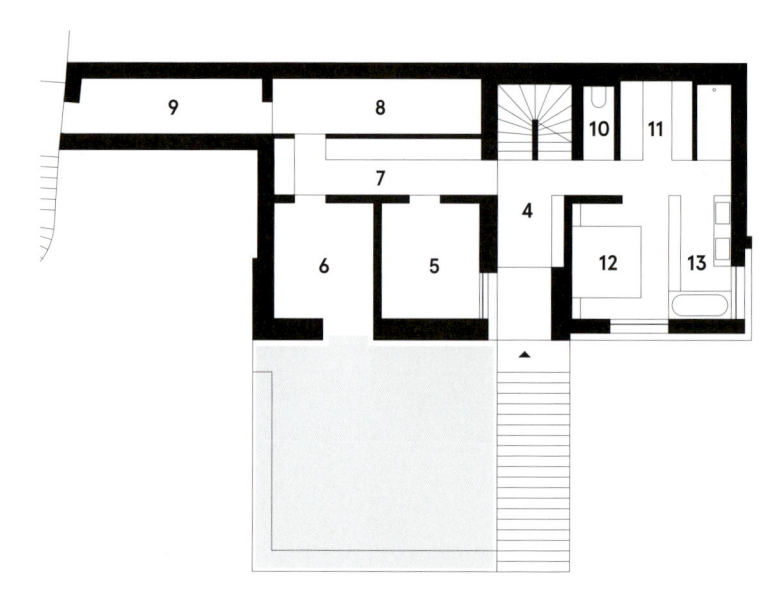

ERDGESCHOSS

oben: Der offene Kamin steht exakt mittig im Wohngeschoss, um ihn herum die Funktionszonen Sitzen, Essen, Kochen und Treppe.

unten: Die untere, nach Süden ausgerichtete Terrasse.

rechts Mitte: Wirkungsstarke Kombination: schwerer Natursteinsockel und Holzbaukörper.

rechts oben:
Für die Auskleidung der Innenräume im Holzbauteil wurde astarme Weißtanne gewählt, unbehandelt für Böden und Decke, gebürstet und farblos geölt für die Möbelfronten.

rechts unten:
Die Wohnecke erhielt eine zum Entspannen einladende Fensterbank mit integrierter Beleuchtung und Regalunterbau.

Vom Atelierraum blickt man in den rustikal anmutenden Hauseingang.

Ein Würfelhaus im Pinzgau

Fünf Fragen an
den Bauherrn und Ofenbaufachmann
Florian Kranawendter

Herr Kranawendter, bei Ihrem Neubau haben Sie darauf verzichtet, die in der Region und auch in unmittelbarer Nachbarschaft übliche, eher traditionelle Bauform, das rechtwinklige zweistöckige Haus mit überkragendem Satteldach zu wählen. Was hat Sie dazu bewogen?

Uns war es in erster Linie wichtig, eine perfekte Lösung zu erarbeiten, bei der das bestehende Elternhaus, die Gartenhütte sowie der Fischteich an dem ursprünglichen Platz bleiben können und sich unser Haus an die Gegebenheiten anpasst. Als wir die ideale Lösung gefunden hatten, war es uns wichtig, unser Holzhaus innen und außen mit natürlichen Materialien wie Weißtanne und Lärche sägerau auszuführen. Ebenso wurden die Betonwände, die für Kellerbereiche und Garage notwendig waren, mit Luserner Natursteinmauerwerk vorgemauert und passen perfekt zur silbergrauen Fassade. So haben wir keine traditionelle Bauform, jedoch bei allem heimische Materialien und Oberflächen, die sich perfekt in die Landschaft einfügen und das Haus zu einem Teil des Sonnbergs werden lassen.

Wie kam es zu den wichtigen Entscheidungen über die Terrassierung oder die besondere Holzfassade? Hatten Sie vielleicht Vorbilder?

Durch die schöne Hanglage und die begrenzte Grundstücksfläche hat sich der perfekte stufige Entwurf von Architekt Tom Lechner ergeben, wo wir eine Terrasse zum Grillen und Essen und eine Terrasse zum Relaxen mit Sicht auf den Teich verwenden können. Bei der Fassade war es uns wichtig, durch die silberne Farbe ein natürlich abgewittertes Holz darzustellen, das je nach Lichteinfall immer anders im Sonnenlicht erstrahlt. Durch die verschiedenen Lattenbreiten und die durchgängige Fugenführung streckt sich das Haus noch mehr in die Höhe. Jetzt sind wir das Vorbild!

Wie geht man damit um, dass in den Wohngeschossen nahezu alle Oberflächen – Wände, Decken oder Möbel – in Holz ausgeführt sind? Ist das nicht zu unruhig?

Wir haben uns zur Innenraumgestaltung sehr viele Gedanken gemacht und sehr gut überlegt, welche Materialien sowie Oberflächen das Haus zwischen Innen und Außen stimmig werden lassen und ein gemütliches, zeitloses Raumgefühl vermitteln. Der Zeitaufwand, den wir für diese wichtige Entscheidungsfindung betrieben haben, bestätigt sich jetzt – nach fünf Jahren – ohne einen einzigen Änderungswunsch. Es ist für uns perfekt!

Wie wohnt man mit einer Familie in einer derart ästhetisch durchdetaillierten Architektur? Kann man dort alles hineinstellen? Wie steht es mit Bildern an den schönen Holzwänden? Darf es ein Durcheinander geben?

Das war der Gedanke! Ästhetische Architektur sowie natürliche Materialien und Oberflächen, einzelne Bilder und auch manchmal Durcheinander, das die Menschen, die in diesem ganz besonderen Haus leben, beschreibt, auch wenn man diese persönlich nicht kennt. Ich finde, ein Haus ist nur ein Haus, wenn man sieht, dass auch darin gewohnt wird und nicht immer alles genau am geplanten Eck steht.

Konnten Sie Ihre Kompetenz im Bereich von Heizen und Ofenbau einbringen?

Der Ofen ist das Zentrum des Hauses und auch das Stück, das ich am öftesten umgeplant habe, bis es am Ende wieder fast gleich wie die Erstvariante wurde. Es ist etwas ganz Besonderes, wenn man die behagliche Wärmestrahlung des Feuers sowie das Flammenbild, das sich an jeder Wand am Abend spiegelt, in den eigenen vier Wänden genießen kann und so in den Tag oder in den Feierabend startet. Und das auch im Sommer, wo das Glas Wein auf der Terrasse mit Sicht aufs Feuer noch mal besser schmeckt! Der Kachelofen (Feuerstelle) ist die erste und älteste Heizquelle, die es gibt, und er kann heute durch modernste Technik auch das ganze Haus heizen, ohne dass ich eine zusätzliche Heizung benötige. Unser Motto: Wir leben den Gedanken des gesunden Wohnens und eines rücksichtsvollen Haushaltens mit den Ressourcen der Natur. Da gehören Holz, Stein und Feuer natürlich dazu.

Wer sich dieses Alpenhaus genauer anschaut, erkennt, wie anspruchsvoll es ist, gelungene kontextsensible Architektur zu entwerfen. Mut zur ausdrucksstarken Gestaltung gehört jedenfalls dazu.

Leben in einer großen, komfortablen Holzschatulle, markantes Dach, clevere Details, unübertrefflicher Bergblick, Tiefgarage —
was will man mehr?

VILLA A

WOLKENSTEIN (I)
— 2015

Der Baukörper wurde sorgfältig detailliert, was schon die Vielfalt der Fenster- und Austrittsöffnungen andeutet. Die Konstruktion ist energieeffizient und nachhaltigkeitszertifiziert.

Die Tiefgarage wird über einen Autolift erreicht. Sogar hier kam Holz zum Einsatz, was positiv zur angenehmen Ästhetik des unterirdischen Geschosses beiträgt.

Dank der Hanglage – am Südhang oberhalb von Wolkenstein auf 1563 Meter Höhe mit freiem Blick auf das Sella-Massiv – entwickelt sich das Haus über fünf Ebenen. Auf diesen bietet seine komplexe Innendisposition drei getrennte Wohneinheiten, was sich wegen der kompakten, formal und bautypologisch harmonisch geschlossenen Außenform kaum erahnen lässt. Im mit hellem Dolomitgestein verblendeten Hanggeschoss befindet sich, neben weiteren Lagerräumen, eine mit großen Fensterflächen nach Süden geöffnete Wohnung. Sie besteht aus zwei komfortablen Schlafzimmern mit Bad und einem zentralen Aufenthaltsraum, in welchem Kochen, Essen und Wohnen zusammengefasst sind. Seitlich, dort, wo man die Garage vermuten würde, sitzt der Autolift. Er führt zum eigentlichen Untergeschoss hinunter, das die gemeinschaftliche Tiefgarage mit vier Stellplätzen, Haustechnik und Lager aufnimmt. Besonderes Ausstattungselement ist hier ein eigenes Skidepot. Die mittlere Wohnung liegt auf der Eingangsetage und ist Teil des mit dunkel lackiertem Lärchenholz verkleideten oberen Baukörpers. Ihr tiefer Balkonvorbau wird seitlich von den charakteristischen, schräg sitzenden Flankenwänden mit angenehmem Windschutz versehen. Sie ist etwas größer, verfügt über drei Schlafzimmer mit Bädern sowie einen Eckwohnbereich, in den sich auch Küche und Essplatz integrieren. Die oberste Wohneinheit wird durch das hangseitige Treppenhaus oder den zentralen Aufzug erreicht. Sie verteilt ihre vier Schlafzimmer mit Bädern auf dem dritten Vollgeschoss, dessen Balkon sich asymmetrisch nach vorne zieht. Er nimmt dabei das den Entwurf der Dachausbildung bestimmende skulpturale Spiel mit Flächen und Kanten auf. Aus jener spannungsreich-expressiven Neuinterpretation des Alpenhauses, mit dem diese Architektur souverän umgeht, entwickelt sich das Dachvolumen mit seinem kantigen Aufsatz. Sein Innenraum, der sich mittels einer formschön geschwungenen Innentreppe mit der darunter liegenden Schlafebene der obersten Wohnung verbindet, verteilt deren Koch-, Ess- und Wohnfunktionen unter den holzverkleideten Dachflächen. Von unten unsichtbar ergänzen ihn zwei große Dachterrassen. Eine dritte Außenfläche auf der Hangseite des Hauses erreicht man über eine eigene Außentreppe.

Der hohe Wohnraum im Dach der Villa lässt sich weder in Bezug auf seine Raumfassung aus horizontaler Lärchenholztäfelung noch hinsichtlich der Panoramasicht steigern. Viele der Einbauten und Möbel des Hauses entwarfen die Architekten.

LÄNGSSCHNITT

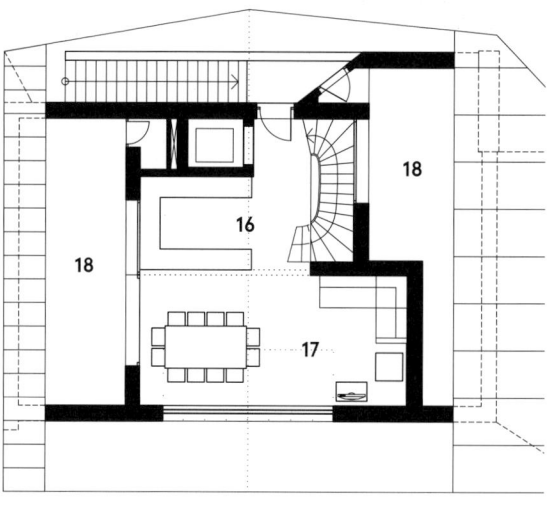

DACHGESCHOSS

RUDOLF PERATHONER ARCHITEKT, WOLKENSTEIN (I)
Standort: Wolkenstein (I)
Baujahr: 2015
Bauweise: Dämmziegel mit Holzverkleidung
Wohnfläche: 390 m²
Grundstücksgröße: 760 m²
Anzahl der Bewohner: 6
Fotograf: Arik Oberrauch

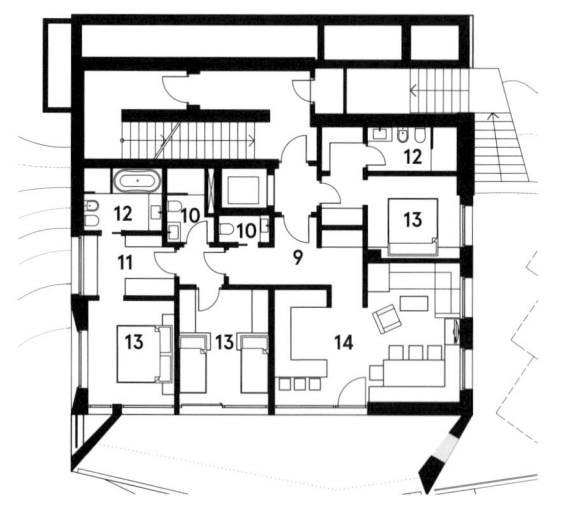

1. OBERGESCHOSS

2. OBERGESCHOSS

LEGENDE
1. Garage
2. Skilager
3. Abstellraum
4. Hauswirtschaftsraum
5. Keller
6. Fahrräder
7. Technik
8. Autolift
9. Flur
10. WC
11. Ankleide
12. Bad
13. Zimmer
14. Wohnen / Kochen
15. Hauswirtschaftsraum
16. Kochen
17. Wohnen / Essen
18. Dachterrasse

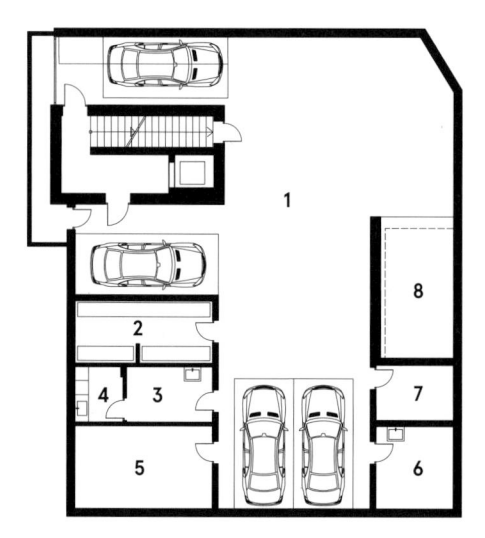

UNTERGESCHOSS

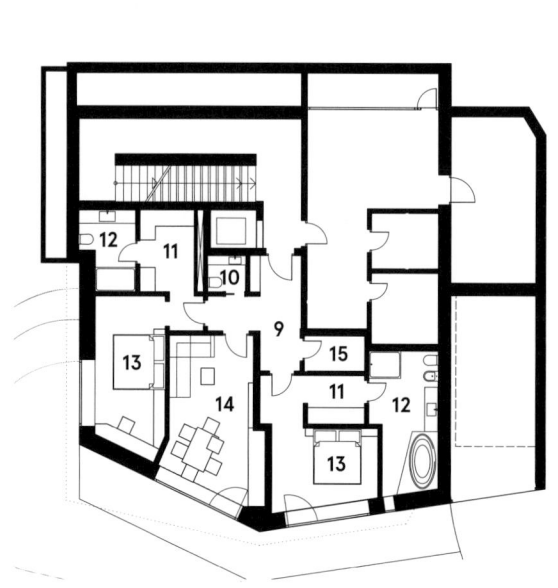

ERDGESCHOSS

VILLA A — RUDOLF PERATHONER ARCHITEKT

Ein Kinderschlafzimmer mit Etagenbett. Der Blick schießt gleichsam aus dem sprossenlosen Fenster in das Grödnertal hinaus.

Eines der vielen Schlafzimmer im Haus. Architekten und Bauherren war es wichtig, trotz allgemeinen Komforts die Atmosphäre des Wohnens in den Bergen hervorzuheben.

Die topografische Lage ist bestens genutzt, dank der dunklen Färbung gelingt eine harmonische Einpassung der Architektur in die Landschaft.

FERIEN-
HAUS
SCHWARZ

DEGEN (CH) — 2013

Die große Qualität des Entwurfs liegt im ökonomischen Umgang mit Raum und Baustoffen. Alles ästhetisch gefügt und sinnvoll ausgestattet — das nennt man Baukunst.

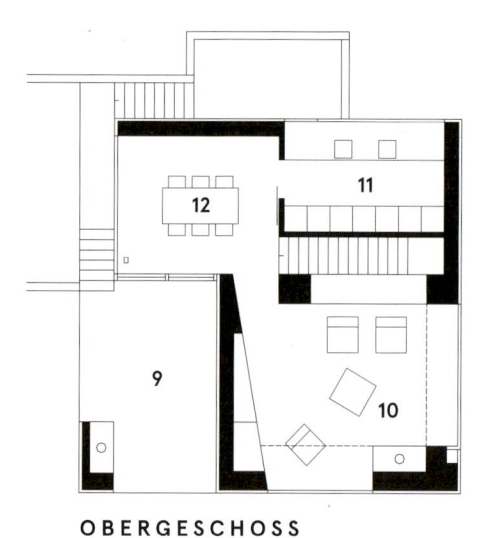

OBERGESCHOSS

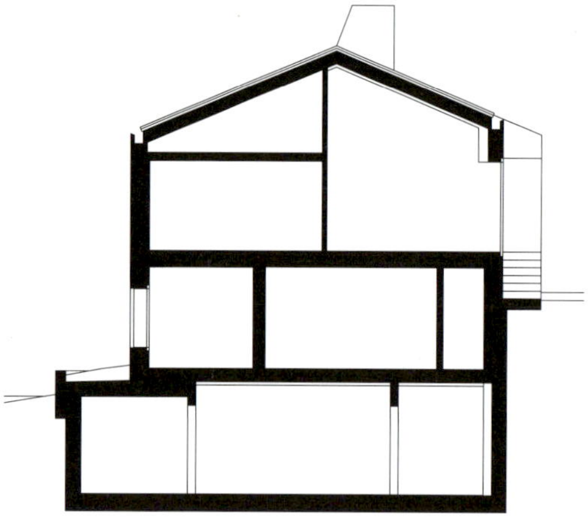

QUERSCHNITT

oben und rechts unten: **Das Hauptschlafzimmer erweitert sich in einen Wellnessbereich mit freistehender Badewanne.**

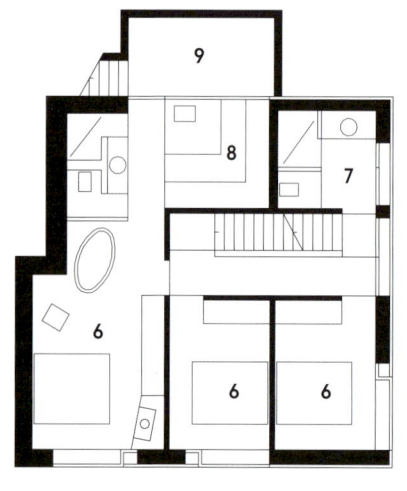

ERDGESCHOSS

LEGENDE
1 Garage
2 Vorplatz
3 Eingang
4 Lager
5 Technik
6 Zimmer
7 Bad
8 Sauna
9 Terrasse
10 Wohnen
11 Kochen
12 Essen

In den Wohnräumen der oberen Geschosse wurde Weißtanne für Boden, Wand und Decke eingesetzt. Hier der Wohnbereich.

UNTERGESCHOSS

Das Wohngeschoss wurde – bis auf die Schiebetür zur Küche – bewusst als fließender Raum gestaltet. Vom Sessel aus sieht man den Durchblick zur Treppe und hinten den Essbereich.

CAVEGN ARCHITEKTEN, SCHAAN (LI)
Standort: Degen (CH)
Baujahr: 2013
Bauweise: Massivbau und Holzbau
Wohnfläche: 115 m²
Grundstücksgröße: 383 m²
Anzahl der Bewohner: 5–7
Fotograf: Albrecht Imanuel Schnabel

Wer von Flims über Laax weiter nach Südwesten fährt, gelangt schließlich in die weite Almlandschaft des graubündnerischen Val Lumnezia. Auf einer sich sanft nach Südosten neigenden großen Geländefläche unterhalb des 2310 Meter hohen Piz Sezner sitzen kleine Holzscheunen auf den Wiesen. Locker fügen sich die Dörfer der Nachbarschaft des Ortes Degen dazwischen, zahlreiche Höfe, Wohnhäuser und Schober samt fünf kleinen Kirchen und Kapellen. Die landschaftlich attraktive Region bietet mit ihrem angenehm sonnenreichen Klima einen hohen Freizeitwert und lädt gleichsam zum Bau eines Ferienhauses ein. Ein solches aber fordert weder ein kompromisshaft ländliches Hausen wie vor hundert Jahren, noch stellt es sich – wie in den Sechzigern – mit städtischer Ignoranz belanglos in die Kulturlandschaft. Heutzutage ist man sich des *Genius loci* bewusst und baut mit Verantwortungsgefühl und Kreativität. Architekt und Bauherren entschieden sich für ein kompaktes Konturhaus auf nahezu quadratischem Grundriss, mit einfachster, aber funktionaler Silhouette: Satteldachform, kräftiger Kaminaufsatz. Die Garage schiebt sich ebenfalls unauffällig hangseitig unter das Haus, das sich selbst dank seines dunkeltonigen Auftritts sehr zurückhaltend verhält. Es basiert auf einem Sockelgeschoss aus schwarz eingefärbtem Beton, das Bauvolumen darüber wurde in Holzelementbauweise errichtet und mit dunkel gestrichenen Fichtenbrettern geschalt. Praktisch, vor allem im Winter, ist die kleine Einfahrt mit ihrem geschützten Vorplatz. Sie erschließt Garage und Eingang im Hanggeschoss auf trockene Weise. Von dort aus gelangt man über eine einläufige Treppe in das mittlere Stockwerk. In ihm finden zwei kleinere Schlafzimmer mit einem Bad sowie das Hauptschlafzimmer mit großzügigem Wellnessbereich Platz – inklusive Sauna samt sichtgeschützter Terrasse. Über allem sitzt das außergewöhnlich geschnittene Wohngeschoss, das sich über pointiert große Fenster in alle vier Richtungen öffnet und damit die umgebende Landschaft gleichsam einsaugt. Sie belichten den Wohnplatz, das Esszimmer sowie die Küche. Eindeutiger Anziehungspunkt ist die in der Südecke integrierte Loggia, die einen eigenen Außenkamin erhielt und über Stufen in den umlaufenden Garten führt.

VERZEICHNIS ARCHITEKTEN UND FOTOGRAFEN

A

ALP'ARCHITECTURE SÀRL
La Vieille Rue 8
CH-1934 Le Chable
Avenue de la Harpe 23
CH-1007 Lausanne
www.alparchitecture.ch
Fotos S. 120–125:
Christophe Voisin, CH-Monthey

B

ROCCO BORROMINI ARCHITETTO
Via Parravicini 19
I-23100 Sondrio
roccoborrominiarchitetto.tumblr.com
Fotos S. 68–71:
Marcello Mariana, I-Morbegno

C

CAVEGN ARCHITEKTEN
IVAN CAVEGN, DIPL. ARCH. FH BSA
Bahnstrasse 54
LI-9494 Schaan
www.cavegn.li
Fotos S. 186–189:
Albrecht Imanuel Schnabel, A-Rankweil

D

DÄLLENBACH/EWALD
ARCHITEKTEN AG
Industrieweg 33
Postfach 208
CH-3612 Steffisburg
www.daellenbachewald.ch
Fotos S. 30–33:
Christian Helmle, CH-Thun

DIETRICH | UNTERTRIFALLER
ARCHITEKTEN ZT GMBH
Arlbergstraße 117
A-6900 Bregenz
www.dietrich.untertrifaller.com
Fotos S. 110–115:
Bruno Klomfar, A-Wien

E

MAXIMILIAN EISENKÖCK
ARCHITEKTUR
Kaiserstraße 67–69/2/12
Hofgebäude 1. Stock
A-1070 Wien
www.maxeisenkoeck.com
Fotos S. 146–147, S. 158–165:
Maximilian Eisenköck, A-Wien

EV+A LAB ATELIER D'ARCHITETTURA
Architetto Alfredo Vanotti
Via Pradella 5 Piateda
(SO) Italia
info.evarch@gmail.com
www.alfredovanottiarchitetto.it
Fotos S. 78–83:
Marcello Mariana, I-Morbegno

F

FIRM ARCHITEKTEN
Kirchstraße 40
A-6890 Lustenau
www.firm.ac
Fotos S. 26–29:
Jürg Zimmermann, CH-Zürich

ANDREAS FUHRIMANN
GABRIELLE HÄCHLER
ARCHITEKTEN BSA SIA AG
Hardturmstrasse 66
CH-8005 Zürich
www.afgh.ch
Fotos S. 116–119:
Valentin Jeck, CH-Stäfa

G

GANGOLY & KRISTINER
ARCHITEKTEN ZT GMBH
Am Kai
Körösistraße 9
A-8010 Graz
www.gangoly.at
Fotos S. 104–109:
© Schreyer David, Tirol, Graz, Wien, Mainz

GUGGENBICHLER + WAGENSTALLER
Wittelsbacherstraße 4
D-83022 Rosenheim
www.guggenbichler-wagenstaller.de
Fotos S. 52–55:
Guggenbichler + Wagenstaller, D-Rosenheim

H

HAMMERSCHMID, PACHL, SEEBACHER-
ARCHITEKTEN HPSA ZT GMBH
Rainbergstraße 3 c
A-5020 Salzburg
www.hpsa.at
Fotos S. 94–97:
Dietmar Hammerschmid, A-Salzburg

HK HASENAUER & KOGLER
ARCHITEKTUR
Apfeldorf 19
A-6380 St. Johann in Tirol
www.hk-architektur.at
Fotos S. 132–135:
Thomas Plattner, A-Apfeldorf

HEIN ARCHITEKTEN
ARCH. DI MATTHIAS HEIN
Kirchstraße 2
A-6900 Bregenz
www.hein-arch.at
Fotos S. 18–25:
© Schreyer David, Tirol, Graz, Wien, Mainz
Porträt: © Caroline Begle

K

KUNÍK DE MORSIER
ARCHITECTES SÀRL SIA
Rue Etraz 4
CH-1003 Lausanne
www.kunikdemorsier.ch
Fotos S. 136–139:
Eik Frenzel, CH-Lausanne
Porträts: © Sebsatián Arpesella

L

LP ARCHITEKTUR ZT GMBH
Untere Marktstraße 2
A-5541 Altenmarkt/PG
www.lparchitektur.at
Fotos S. 56–63, S. 172–177:
Albrecht Imanuel Schnabel, A-Rankweil

ARCHITEKTEN LUGER & MAUL ZT-GMBH
Bauernstraße 8
A-4600 Wels
www.luger-maul.at
Fotos S. 34–39:
Walter Ebenhofer, A-St. Valentin
Porträt: © Edith Maul-Röder

M

MIA2/ARCHITEKTUR ZT GMBH
Leuelergasse 24
A-4020 Linz
www.mia2.at
Fotos S. 148–151:
Kurt Hörbst, A-Rainbach, Wien

P

PAVOL MIKOLAJCAK ARCHITEKT
Obstplatz 3
I-39100 Bozen
www.mikolajcak.com
Fotos S. 40–45:
Oskar Da Riz, I-Bozen

RUDOLF PERATHONER ARCHITEKT
RP ARCHITECTS GZF GMBH
Meisules 103
I-39048 Wolkenstein Gröden
www.perathoner.com
Fotos S. 140–145:
Georg Hofer, I-Brixen;
Fotos S. 180–185:
Arik Oberrauch, I-Lajen

PERSONENI RAFFAELE
ARCHITECTES EPFL HES SIA
Rue Saint-Pierre 3
CH-1003 Lausanne
www.prar.ch
Fotos S. 72–77:
Catherine Leutenegger, CH-Lausanne

R

JON ARMON RAUCH
San Bastian 774
CH-7univers
www.rauch-architect.ch
Fotos S. 84–91:
René Riller

RITTER SCHUMACHER AG
ARCHITEKTEN ETH HTL AA SIA
Ottostrasse 4
CH-7000 Chur
Fürst-Franz-Josef-Strasse 5
LI-9490 Vaduz
www.ritterschumacher.com
Fotos S. 152–157:
Joana Vilaça

RUCH & PARTNER
ARCHITEKTEN AG
Via Brattas 2
CH-7500 St. Moritz
www.ruch-arch.ch
Fotos S. 4, S. 92–93, S. 126–131:
Filippo Simonetti

RUINELLI ASSOCIATI AG
ARCHITETTI SIA
CH-7610 Soglio
www.ruinelli-associati.ch
Fotos S. 2, S. 46–51:
Marcello Mariana, I-Morbegno /
Ruinelli Associati, CH-Soglio

S

SAVIOZ FABRIZZI ARCHITECTES FAS
Route des Ronquos 35
CH-1950 Sion
www.sf-ar.ch
Fotos S. 64–67:
Albrecht Imanuel Schnabel, A-Rankweil

SCHNELLER CAMINADA
ARCHITEKTEN ETH SIA
Via Principala 59
CH-7014 Trin
www.schnellercaminada.ch
Fotos S. 166–171:
Gaudenz Danuser, CH-Flims

W

ATELIER WORTMEYER E.U.
ARCHITEKT VOLKER WORTMEYER, MSC
General-Keyes-Straße 16/1
A-5020 Salzburg
www.wortmeyer.at
Fotos S. 98–103:
Volker Wortmeyer, A-Salzburg

Z

ZUSATZ:

TITELBILD:
unter Verwendung eines Fotos von
Arik Oberrauch, I-Lajen

RÜCKSEITE:
von oben nach unten: Christophe Voisin,
Catherine Leutenegger, Gaudenz Danuser

KARTEN VORSATZ-/NACHSATZPAPIER:
Marmota Maps / marmotamaps.com

FOTOS EINLEITUNG:
Abb. 1: Maximilian Eisenköck, Abb. 2:
© Reinhold Möller, Abb. 3: © Marco Delnoij
(Ausschnitt), Abb. 4: © Nationalmuseum Stockholm, Fotograf: Erik Cornelius, Abb. 5: © Herzl
Pinki, Abb. 6–8: Christophe Voisin,
Abb. 9–11: Lionel Henriod, Abb. 12: Joana Vilaça,
Abb. 13–14: Filippo Simonetti,
Abb. 15: Barbara Bühler, Abb. 16: Privatarchiv,
Abb. 17: Adolf Bereuter, Abb. 18:
© Friedrich Böhringer, Dornbirn

FOTOS INTERVIEW-PORTRÄTS:
© Jon Armon Rauch, © Maximilian Eisenköck,
© Wolfgang Stadler [Theresia Harml],
© Florian Kranawendter

Die Porträts der Architekten und die Pläne
wurden freundlicherweise von den Büros für
diese Publikation zur Verfügung gestellt.

Impressum

CALLWEY
SEIT 1884

© 2019 Verlag Georg D.W. Callwey GmbH & Co. KG
Streitfeldstraße 35, 81673 München
buch@callwey.de
Tel.: +49 89 436005-0
www.callwey.de
www.facebook.com/callwey
www.instagram.com/callwey

ISBN 978-3-7667-2427-4
1. Auflage 2019

Bibliografische Information der Deutschen Nationalbibliothek
Die Deutsche Nationalbibliothek verzeichnet diese Publikation in der Deutschen Nationalbibliografie; detaillierte bibliografische Daten sind im Internet über <http://dnb.d-nb.de> abrufbar.

Das Werk einschließlich aller seiner Teile ist urheberrechtlich geschützt. Jede Verwertung außerhalb der engen Grenzen des Urheberrechtsgesetzes ist ohne Zustimmung des Verlages unzulässig und strafbar. Das gilt insbesondere für Vervielfältigungen, Übersetzungen, Mikroverfilmungen und die Einspeicherung und Verarbeitung in elektronischen Systemen.

DIESES BUCH WURDE IN CALLWEY-QUALITÄT FÜR SIE HERGESTELLT:
Bei der Materialauswahl und den Möglichkeiten der Buchveredelung überlässt das Callwey-Team nichts dem Zufall. So berücksichtigen wir die Gestaltung und Bildsprache jedes einzelnen Titels individuell. Denn dieser ganz besondere Inhalt soll nicht einfach nur schön gedruckt werden, die Buchseiten müssen sich auch gut anfühlen. Beim Inhaltspapier dieses Buchs haben wir uns für ein Magno matt in 150 g/m² entschieden – ein matt gestrichenes Volumen Bilderdruckpapier. Die gestrichene, matte Oberfläche gibt unseren Bildern den gewünschten Charakter und bringt die bekannte Callwey-Bildsprache optimal zur Geltung. Die Hardcover-Gestaltung spricht für sich, hier kommt das Buch ohne zusätzliche Veredelung aus.

VIEL FREUDE MIT DIESEM BUCH
WÜNSCHEN IHNEN:

PROJEKTLEITUNG:
Tina Freitag

LEKTORAT:
Katrin Pollems-Braunfels, München

HERSTELLUNG:
Oliver Meier

UMSCHLAGGESTALTUNG, LAYOUT UND SATZ:
cezet-design, Heike Czerner